Gestión y control de compras y *stock* en almacén. COML011PO

Judith Abeleira Carrasco

ic editorial

Gestión y control de compras y *stock* en almacén. COML011PO
©Judith Abeleira Carrasco

1ª Edición

© IC Editorial, 2024

Editado por: IC Editorial
c/ Cueva de Viera, 2, Local 3
Centro Negocios CADI
29200 Antequera (Málaga)
Teléfono: 952 70 60 04
Fax: 952 84 55 03
Correo electrónico: iceditorial@iceditorial.com
Internet: www.iceditorial.com

ISBN: 978-84-1184-323-2
Depósito Legal: MA 1911-2024

Impresión: PODiPrint
Impreso en Andalucía – España

Nota de la editorial: IC Editorial pertenece a Innovación y Cualificación S. L.

Especialidad formativa

Se entiende por especialidad formativa la agrupación de contenidos, competencias profesionales y especificaciones técnicas que responde a un conjunto de actividades de trabajo enmarcadas en una fase del proceso de producción y con funciones afines.

Las especialidades formativas de Uso General, Formación Complementaria, Formación Modular y las especialidades formativas dirigidas a la obtención de certificados de profesionalidad se incluyen en el Fichero de Especialidades del Servicio Público de Empleo Estatal para su gestión en todo el territorio nacional por cualquier Administración competente.

Las especialidades complementarias, pertenecen todas a la Familia profesional de Formación Complementaria (FCO) y tienen la consideración de formación transversal en áreas que se consideran prioritarias tanto en el marco de la Estrategia Europea para el Empleo y del Sistema Nacional de Empleo como en las directrices establecidas por la Unión Europea. Se consideran áreas prioritarias las relativas a tecnologías de la información y la comunicación, la prevención de riesgos laborales, la sensibilización en medio ambiente, la promoción de la igualdad, la orientación profesional y aquellas otras que se establezcan por la Administración competente.

Las especialidades de Certificado de profesionalidad tienen una duración especificada en su normativa reguladora.

En el resultado de la búsqueda, se muestran las unidades de competencia, todos los módulos formativos con su duración y las unidades formativas del certificado correspondiente, con su duración. Las horas del certificado, exclusivo de las especialidades de certificado de profesionalidad, con alta igual o superior a 2008, son las horas totales más las horas del módulo de Prácticas Profesionales no Laborales.

- ⮑ **Si la especialidad tiene unidades formativas,** las horas totales, presencial, distancia, teleformación serán igual a la suma de esas horas de las unidades formativas de los distintos módulos, sin que se repita ninguna Unidad formativa.

⊃ **Si la especialidad no tiene unidades formativas,** las horas totales, presencial, distancia, teleformación serán igual a las sumas de esas horas de los módulos formativos, eliminando las horas de los módulos repetidos.

https://sede.sepe.gob.es/especialidadesformativas/RXBuscadorEFRED/BusquedaEspecialidades.do

(Fuente: Servicio Público de Empleo Estatal)

Índice

Unidad de aprendizaje 4
Facturación

Unidad de aprendizaje 5
El almacén

Unidad de aprendizaje 6
Formas de pago

Glosario

Bibliografía

OBJETIVOS GENERALES

El objetivo general del **COML011PO_Gestión y control de compras y *stock* en almacén,** es el siguiente:

- ⮞ Conocer en qué consiste el proceso de compraventa.
- ⮞ Relacionar la vinculación mercantil entre la empresa y sus proveedores.
- ⮞ Establecer las diferencias entre la realización de pedidos y la recepción de las mercancías.
- ⮞ Examinar el proceso de facturación en la empresa.
- ⮞ Identificar el concepto de almacén, sus funciones y todo aquello relacionado con las existencias o bienes custodiados.
- ⮞ Distinguir las distintas formas de pago más habituales en el mercado.

El proceso de la compraventa

Contenido

Objetivos

El objetivo general de esta Unidad de Aprendizaje es:

→ Conocer en qué consiste el proceso de compraventa.

Los objetivos específicos de esta Unidad de Aprendizaje son:

→ Definir qué es el proceso de compras.

→ Diferenciar la compra y la venta dentro del proceso.

→ Describir qué es el plan de compras.

→ Reconocer las diferentes estrategias de la compra.

→ Diferenciar los elementos de decisión de compra.

→ Distinguir entre gasto y coste.

→ Identificar los costes de aprovisionamiento.

→ Reconocer las tareas propias en el aprovisionamiento de mercancías.

→ Enumerar las etapas del proceso de compra.

→ Reconocer los elementos propios de un contrato de compraventa mercantil.

1. Introducción

El proceso de compraventa es el proceso más importante en la mayoría de las empresas. La actividad principal de una empresa consiste en fabricar o adquirir productos o servicios para posteriormente venderlos a un precio.

Este precio debe cubrir los costes, entre ellos, los costes de aprovisionamiento, y generar unos beneficios. La obtención de beneficios es el principal objetivo de una empresa.

El proceso de compra debe atender a una planificación, en la que se determinen las estrategias que aplicar. Este proceso consta de unas etapas que deben ser analizadas para ser evaluadas y que se pueda detectar el error en caso de producirse y corregirse lo antes posible.

Para ello, nos centraremos en el hilo conductor en un hipermercado que vende alimentación, droguería y juguetería, Alidroju S. L. Pablo es el gerente y quien se planteará todas las incógnitas que irá resolviendo a lo largo de la adquisición de los contenidos. El hipermercado Alidroju S. L. se encuentra en pleno centro de una ciudad pequeña de 50.000 habitantes aproximadamente. Cuenta con un *parking* de 200 plazas. Suministra al público en general, aunque también tiene como clientes a una decena de ultramarinos de pueblos de menos de 1.000 habitantes en un radio inferior a 30 km.

2. Introducción al proceso de compraventa

 HILO CONDUCTOR

Pablo, el gerente de Alidroju S. L., vende una gran variedad de productos en su hipermercado. El proceso de compraventa se da en dos ocasiones; la primera, cuando él compra mercancía al proveedor o vendedor, y la segunda cuando vende a los clientes compradores. Pablo desea indagar en profundidad acerca de este proceso para poder ejecutarlo de manera óptima en ambas situaciones.

Antes de entrar en materia para conocer el proceso de compraventa, debemos conocer algunos conceptos por separado.

Antiguamente, el proceso de compraventa se realizaba a través del trueque o intercambio de bienes o especies. No existía ningún tipo de moneda y las personas intercambiaban bienes por el valor que ellos consideraban que era justo. De este modo, un campesino podía intercambiar dos gallinas por dos quesos. Tomaba un papel muy relevante la capacidad de negociación de las partes.

Antes de que existiera el dinero, el ser humano practicaba el trueque o intercambio de productos. Este intercambio se producía de acuerdo con el valor que cada quien asignaba a su producto.

👁 EJEMPLO

Por ejemplo, podían intercambiar una cantidad de fruta y hortalizas por una oveja. El comprador de la oveja podía extraer la leche de esta, trabajar su lana, producir queso u otro lácteo o comer su carne. Por tanto, el dueño original de la oveja tenía que saber valorarla muy bien.

Más tarde, surgió la moneda. El ser humano empezó entonces a valorar sus bienes mediante un precio o valor monetario según el país y la moneda circulante en ese momento. De esta manera, un individuo podía vender una barra de pan por cinco unidades monetarias. Aunque el regateo seguía existiendo, fue perdiendo relevancia, ya que el valor monetario era más claro, más definido y más determinante.

En ese momento es cuando surgió el mercado empresarial, que se ha desarrollado hasta nuestros días tal como lo conocemos hoy, y sigue en continuo desarrollo.

3. Proceso de compras en empresas industriales, comerciales y de servicios

 HILO CONDUCTOR

Pablo se enreda con sus empleados cuando hablan de facturas, albaranes, pedidos, etc. No sabe si se refieren a los pedidos que el hipermercado realiza a los proveedores o a los pedidos que les realizan a ellos sus clientes-empresa, los ultramarinos de los pueblos. Por ello, debe aprender a definir qué es y en qué consiste el proceso de compra.

El proceso de compraventa es un proceso en el que se realizan dos acciones a la vez, la de **comprar** y la de **vender.**

 DEFINICIÓN

Comprar
Adquirir un bien o servicio a cambio de un precio o valor que el comprador está dispuesto a pagar por considerarlo justo o adecuado.

Vender
Entregar un bien o servicio a cambio de un precio o valor que el vendedor está dispuesto a recibir por considerarlo justo o adecuado.

La RAE define el concepto *proceso* como:

> *El procesamiento o conjunto de operaciones a que se somete una cosa para elaborarla o transformarla.*

En este caso, el **proceso de compraventa** es el conjunto de operaciones a las que se somete un bien o servicio para realizar esa acción.

En el proceso de compraventa intervienen dos partes:

Comprador	- Es la persona física o jurídica que adquiere un bien o servicio a cambio de pagar un precio o valor por este al vendedor.
Vendedor	- Es la persona física o jurídica que entrega un bien o servicio a cambio de recibir un precio o valor que le entrega el comprador.

En la imagen se puede apreciar cómo una pareja compradora ha adquirido un coche mediante un pago de dinero al vendedor o empresa vendedora.

Generalmente, en la cadena de suministro, desde que se adquiere la materia prima para fabricar un servicio o producto hasta que este se vende al consumidor final, existen varios compradores y vendedores intermediarios, ya que el producto va pasando de mano en mano hasta que es vendido al consumidor final. Como norma general, las empresas pueden ser vendedoras y compradoras, mientras que los consumidores finales son los compradores.

NOTA

Existen situaciones en las que se puede producir un proceso de compraventa entre particulares. En este caso no estaríamos hablando de empresas.

Al tratarse de dos acciones simultáneas de compra y venta, estas deben ser preparadas por los sujetos que van a ejecutar dichas acciones. Es decir, debe haber una preparación de la venta por parte del vendedor, una preparación de la compra por parte del comprador y, entre ambos, deben alcanzar un acuerdo en cuanto al precio que uno está dispuesto a pagar y por el que el otro está dispuesto a vender. Cuando se alcanza este acuerdo es cuando se puede producir la compraventa.

| Preparación de la venta | Preparación de la compra |

El proceso de compraventa es el mismo en todas las empresas. Solo varía quién es el proveedor o vendedor y quién es el cliente o comprador.

En las **empresas comerciales** donde se compran productos ya hechos, y cuyo papel es el de intermediario en la cadena de suministro, debemos diferenciar entre empresas mayoristas y empresas minoristas.

En las empresas mayoristas, el proveedor vendedor es el fabricante o productor, y el cliente es la empresa minorista.

En las empresas minoristas, el proveedor vendedor es la empresa mayorista, y el cliente es el consumidor final.

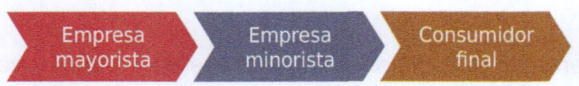

Las **empresas industriales** son las empresas fabricantes y productoras. Estas deben comprar los materiales para crear, fabricar o producir los bienes a las empresas que extraen las materias primas, y venden los productos ya hechos a las empresas mayoristas.

Las **empresas de servicios** son aquellas que compran bienes o servicios a empresas intermediarias que sirven como herramientas o utensilios para prestar estos servicios a los consumidores finales.

◉ EJEMPLO

Una peluquería debe comprar champú, mascarilla capilar, peines, cepillos, tijeras, secadores, tintes, etc., para prestar los servicios de lavar, teñir, cortar, peinar y secar, propios de una peluquería.

4. Estrategias de compras: elementos de decisión

☞ HILO CONDUCTOR

Pablo ya ha aprendido y ha transmitido a sus empleados qué es el proceso de compra, principalmente a los que se encargan del almacén y de realizar las

Continúa en página siguiente >>

<< Viene de página anterior

compras a los proveedores. Ahora debe enseñar a Ricardo estrategias de compra para que estas sean lo más beneficiosas posible para la empresa. Por eso, Pablo y Ricardo van a investigar sobre las diferentes estrategias de compra que las empresas suelen aplicar.

La acción de comprar no debe ser una acción descontrolada y sin preparación. La compra debe ser algo planificado que persiga unos objetivos que proporcionen beneficio a la empresa.

 **DEFINICIÓN**

Planificación de compras
Guía o manual en el que se definen unos objetivos que la empresa quiere alcanzar mediante el cumplimiento de unas estrategias en un plazo determinado de tiempo, utilizando unas herramientas para ello y que pueda ser evaluado mediante indicadores clave de desempeño u otras métricas.

Para ello, vamos a estudiar qué es un **plan de compras,** dentro del que deben definirse las estrategias de compras y cuáles son los elementos de decisión de compras.

4.1. Plan de compras

Por tanto, los elementos que se deben plasmar dentro de un plan de compras son los que mostramos a continuación.

Objetivos

Los objetivos son aquellas metas que se desean alcanzar en el proceso de compra. Deben ser SMART *(specific, measurable, attainable, relevant, timely),* es decir:

- **Específicos.** Los objetivos deben ser lo más concretos posible.
  Por ejemplo, en lugar de marcar un objetivo general de "reducir los costes", se debe concretar en "reducir los costes en la adquisición de compras". En una empresa existen otros costes, como pueden ser tributarios, financieros, de recursos humanos, de suministros energéticos, etc. Si se concreta qué tipos de costes son los que deseamos reducir, es mucho mejor para luego poder hacer el seguimiento de la planificación.
- **Medibles:** los objetivos deben ser medibles, ya sea por unidades monetarias, unidades de productos, en valores absolutos, en porcentajes, etc. Siguiendo con el ejemplo anterior, en lugar de decir "reducir los costes en la adquisición de compras", se puede decir "reducir los costes en la adquisición de compras en un 10 % con respecto al año anterior". De este modo, se puede medir y saber cuál es el 10 % de los costes de adquisición de compras del año pasado. Si el año pasado estos costes fueron de 50.000 €, el 10 % es 5.000 €, por lo tanto, 50.000 € - 5.000 € = 45.000 €, estos son los costes de adquisición que deberíamos tener este año.
- **Alcanzables:** los objetivos deben ser alcanzables, asequibles o realistas. De lo contrario, el personal de la empresa puede llegar a frustrarse al ver que nunca se alcanzan los objetivos por más que ellos empeñen todo su esfuerzo.
  Siguiendo con el ejemplo anterior, el 10 % parece una cantidad coherente. Sin embargo, si el objetivo fuese "reducir los costes en la adquisición de compras en un 90 % con respecto al año anterior", a *priori,* parece un objetivo poco realista. Ya que, si el año anterior el coste fue de 50.000 €, el 90 % es 45.000 €, y, por tanto, los costes este año deberían ser solo 5.000 €, cuando el año anterior fueron 50.000 €, parece que es algo casi imposible de conseguir.
- **Relevantes:** los objetivos marcados deben ser relevantes e importantes para la empresa.
  Por ejemplo, una empresa tiene un gasto no muy influyente en su actividad, como puede ser el consumo de agua, limitado simplemente al agua que se utiliza en el cuarto de baño. Marcar como objetivo una reducción de dicho coste no es muy relevante o importante para la empresa, ya que ese gasto no afecta de manera directa a sus ventas y actividad.
- **Temporales:** los objetivos deben estar temporizados para saber cuándo se debe alcanzar dicho objetivo y poder evaluar o medir si se ha cumplido o no.
  Volviendo a los ejemplos anteriores, el objetivo quedaría mejor redactado si decimos algo como "reducir los costes en la adquisición de compras en un 10 % con respecto al año anterior en los primeros seis meses del año en curso". De esta manera, sabemos que el plazo que se tiene para cumplir el objetivo es de seis meses y no todo el año completo.

Los objetivos SMART determinan las prioridades para cada equipo y permiten que los resultados de la empresa sean medibles.

Estrategia

La estrategia es un conjunto de reglas que se determinan para aplicarlas en diferentes decisiones y obtener un resultado óptimo.

En el plan de compras se debe desarrollar cuáles y cómo van a ser las estrategias que vamos a aplicar en los procesos de compra. Las estudiarás en el siguiente subepígrafe.

Plazos

Los plazos deberían venir marcado en los propios objetivos. Aun así, se pueden definir otros plazos dentro de la estrategia.

 EJEMPLO

"Comprar mercaderías para cubrir el *stock* mínimo el día 15 de cada mes" es una estrategia útil para no quedarse sin *stock*, de manera regular y periódica en el tiempo. La empresa garantiza disponer de *stock* mínimo sin quedarse por debajo de este.

Recursos

En el plan de compras se deben especificar los recursos que se van a utilizar en el proceso de compra. Estos recursos se pueden clasificar en:

⊃ **Recursos materiales,** por ejemplo, ordenadores o *softwares* para la realización de pedidos, contabilización de facturas, pagos a proveedores, etc.

⊃ **Recursos humanos,** por ejemplo, las personas y los cargos que desempeñan dentro del proceso de compra.

⊃ **Recursos financieros,** por ejemplo, el dinero disponible en las cuentas bancarias.

Un empleado puede desempeñar diferentes funciones o tareas en distintos procesos.

Evaluación

En el plan de compras se debe concretar algún método de control y evaluación para comprobar durante los procesos que todo se está desarrollando conforme a lo establecido en el plan. De hecho, esto permite detectar los posibles errores y corregirlos en el momento de su detección. Para ello, se utilizan indicadores clave de desempeño u otras métricas o índices que se crean apropiados según el tipo de actividad.

APLICACIÓN PRÁCTICA

Pablo debe indicar cuál de los siguientes objetivos es el mejor definido para insertarlo en el plan de compras, teniendo en cuenta que en la actualidad tiene una base de treinta proveedores. ¿Podrías indicarlo? Razona tu respuesta.

Continúa en página siguiente >>

<< Viene de página anterior

- **Tener más proveedores.**
- **Captar cinco proveedores nuevos.**
- **Captar ocho proveedores nuevos en un plazo de seis meses.**
- **Captar cincuenta nuevos proveedores en un plazo de tres meses.**

Solución

El objetivo "Tener más proveedores", no es nada específico.

El objetivo "Captar cinco proveedores nuevos", no temporaliza en cuánto tiempo se debe conseguir el objetivo.

Respecto al objetivo "Captar cincuenta nuevos proveedores en un plazo de tres meses", teniendo en cuenta que tiene una base de treinta proveedores, querer casi duplicar dicha base parece inalcanzable o poco realista.

Por lo que el objetivo mejor definido sería "Captar ocho proveedores nuevos en un plazo de seis meses", pues es específico, medible, alcanzable, relevante y está temporizado.

4.2. Estrategias de compras

Como ya hemos dicho anteriormente, la **estrategia** es un conjunto de reglas que se determinan para aplicarlas en diferentes decisiones y obtener un resultado óptimo. Podemos decir que son las diferentes ideas planificadas para aplicarlas en el proceso, que se plasman por escrito dentro del plan de compras.

Las estrategias pueden ser muchas y variadas, las más habituales son:

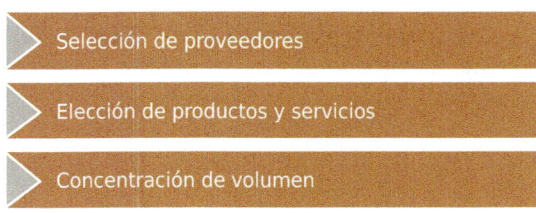

- Selección de proveedores
- Elección de productos y servicios
- Concentración de volumen

Continúa en página siguiente >>

<< Viene de página anterior

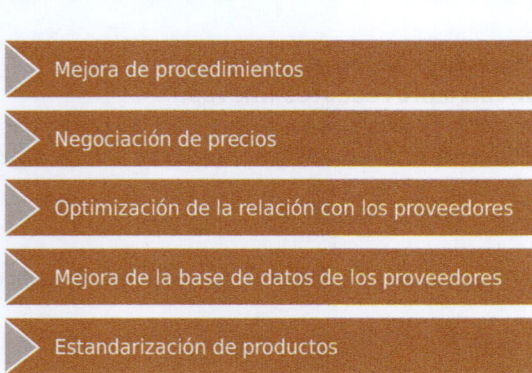

Selección de proveedores

Esta estrategia consiste en seleccionar a unos cuantos de entre todos los proveedores que existen en el mercado. Los criterios para elegir a los proveedores los define la empresa. Se puede seleccionar a los proveedores de acuerdo con el suministro de unas marcas determinadas, el servicio que prestan, los plazos que nos ofrecen en los pagos, las formas o métodos de los pagos, las formas y plazos de entrega de los productos, etc.

Elección de productos y servicios

Esta estrategia de compra consiste en definir qué productos o servicios son los que, posteriormente, se van a vender.

 EJEMPLO

Un hipermercado decide si solamente va a vender productos de alimentación, droguería, textil, electrodomésticos, juguetería o una combinación de dos o más tipos de ellos.

La colocación de los diferentes productos en las estanterías es relevante para la percepción visual del cliente, que debe sentirse atraído por estos para que surja el impulso de compra.

Concentración de volumen

Esta estrategia consiste en unificar los productos para poder adquirir un mayor volumen de este.

 EJEMPLO

Una tienda de textil concentra la prenda de falda en producto A, producto B y producto C. Tiene solo esos tres tipos de falda.

Al concentrar el volumen, además de poder conseguir buen precio por comprar mayor volumen del usual, también se ahorran otros costes, como pueden ser costes de transporte, costes de fabricación, costes de distribución, costes de publicidad, etc.

Mejora de procedimientos

Consiste en planificar, revisar, controlar y evaluar los procesos para poder detectar errores y solventarlos lo antes posible. Estos errores detectados ayudan a mejorar el proceso y estar en mejora continua. Se debe tener en cuenta que el plan de compras, como el resto de planes en una empresa, es un documento vivo y dinámico que se mueve con el mercado. Las estrategias pueden variar dependiendo de los movimientos que realiza la competencia, así como por las necesidades de la demanda o de la propia empresa.

Negociación de precios

Esta estrategia consiste en negociar los precios con el proveedor. Se utilizarán los criterios habituales de contabilidad, como pueden ser el descuento por volumen de compra, el descuento por pronto pago, así como las formas y plazos de pagos, etc.

Optimización de la relación con los proveedores

Consiste en mejorar las relaciones existentes con los proveedores. Puede ser teniendo algún detalle de *merchandising* con ellos, incluirlos en publicidad o campañas, asistiendo a ferias o eventos, etc.

Mejora de la base de datos de los proveedores

Contar con una base de datos de proveedores correctamente actualizada va a favorecer el proceso de compra en cuanto a evitar errores en facturas, en pagos por transferencias bancarias, etc. Una base de datos con todos los datos correctos evitará demoras y errores en el proceso; dirección postal, teléfono, fax, *e-mail,* NIF o número de identificación fiscal en España, números de cuentas bancarias para transferir el dinero, plazos estimados de recepción de mercancías, comisiones o descuentos que recibimos...

 EJEMPLO

El simple hecho de enviar la solicitud de un pedido a una dirección de *e-mail* incorrecta generará una demora en la compra, con sus consecuencias. Este pequeño error se evita teniendo una base de datos actualizada de forma correcta.

Gracias a los softwares o programas de gestión se puede guardar en cada perfil o ficha de proveedor sus datos, facilitando muchas tareas que realizar con ellos.

Estandarización de productos

Consiste en adquirir un producto estándar o modelo. Es decir, un producto con unas características propias y unificadas. En lugar de adquirir varios productos similares que ofrecen pequeñas diferencias, se adquiere un producto que reúne las prestaciones o características generales o básicas que debe ofrecer dicho producto y que podrá, por tanto, satisfacer nuestras necesidades y las de nuestros clientes.

NOTA

Las estrategias no son únicas ni exclusivas. Se pueden combinar varias de ellas entre sí para optimizar aún más el proceso de compra.

TAREA 1

Manuel es el jefe de compras de su empresa, y entre sus tareas está la de seleccionar a los proveedores con los que va a trabajar. Se encuentra en un período de captación de nuevos proveedores, que presentan las siguientes características:

Proveedor A. Presta un servicio al cliente (su empresa) muy bueno en cuanto a atención telefónica, respuesta rápida a e-mails, resolución de incidencias...

Continúa en página siguiente >>

<< Viene de página anterior

Sin embargo, los productos tienen un precio medio en el mercado y tarda una semana en servirlos.

Proveedor B. El servicio al cliente es muy normal. El precio de los productos es el precio medio del mercado. Tarda dos días en servir el producto.

Proveedor C. Presta un servicio al cliente excelente. Tarda solo un día en servir el producto. El precio es caro.

Proveedor D. El servicio al cliente es bastante bueno. El precio es el precio medio del mercado. Tarda solo un día en servir el producto.

Para Manuel, la importancia en la elección es que le ofrezca un precio competitivo y que sea rápido en servir el producto. ¿Qué proveedor debería elegir Manuel? Justifica tu respuesta.

 ## ACTIVIDAD COMPLEMENTARIA

1. Lee la noticia titulada "Eguía Group refuerza su estrategia en el negocio de frutos secos" e indica qué estrategias de compras se pueden determinar al fusionarse dos empresas. Para acceder a la noticia puedes hacerlo desde aquí:

https://redirectoronline.com/coml011po0101

4.3. Elementos de decisión de compra

Las estrategias que acabamos de estudiar van a ser elementos relevantes en la decisión de compra.

A diferencia de los individuos o consumidores finales, en las empresas no participan elementos como la impulsividad, el capricho o necesidades superiores, etc.

La empresa tiene que tener en cuenta estos elementos a la hora de comprar:

- **Su propia necesidad como empresa:** la empresa debe optimizar sus recursos materiales, humanos y financieros para obtener el mayor beneficio posible. Puede encontrarse con un proveedor que le ofrece facilidades de pago, otro que le sirve el producto en muy poco tiempo, otro que le hace descuento por volumen de compra, etc. La empresa deberá decidir y sopesar cuál de ellos le resulta más beneficioso a la hora de realizar su actividad. Su decisión de compra está supeditada a la capacidad de la empresa para afrontar dicho proceso.
  No olvidemos que el individuo también deberá tener en cuenta su propia capacidad de afrontar una compra. Se puede encontrar con que la empresa ofrece o no facilidades de pago y financiación y, por tanto, si el individuo puede o no realizar la compra.
  Por ejemplo, Sara tiene que comprar un ordenador. Es el más barato de todos los que ha visto y cuesta 600 €. Sin embargo, la empresa no ofrece financiación y no admite tarjetas de crédito. Solo puede pagar en efectivo o con tarjeta de débito. Sara no puede realizar la compra en ese momento, ya que en su cuenta corriente tiene un saldo actual de 350 €.
- **La demanda de sus clientes:** otro elemento primordial que tener en cuenta a la hora de realizar las compras es la demanda de los clientes. Aquello más demandado por los clientes, independientemente del criterio en que se basen (el modelo más barato, el más bonito, el más funcional, etc.), será lo que la empresa deba adquirir.

No basta con tener expuestos los productos. La empresa debe conocer las necesidades de su clientela y disponer de los productos más demandados por esta.

5. Los costes de aprovisionamiento

☞ HILO CONDUCTOR

Pablo, el gerente de Alidroju S. L., tiene que determinar el precio de venta al público (PVP) de los productos. Además de saber el coste de adquisición o precio al que ha comprado el producto, sabe que en el margen de beneficio hay unos gastos de suministros, personal, impuestos, etc., que debe pagar. Pablo ha oído que esos gastos los puede imputar como costes del producto. Desea conocer acerca de esto para conocer el coste real de los productos y que el margen de beneficio sea lo más limpio y real posible.

- -

A veces, utilizamos de manera indistinta los conceptos gasto y coste. Sin embargo, en el mundo empresarial no son lo mismo. Un **gasto** es la salida de dinero que se genera por el pago de un bien o servicio que utiliza la empresa para su funcionamiento, pero que no se imputa directamente en su actividad principal. Se denomina **coste** a la imputación parcial de un gasto en el proceso productivo. El producto puede estar compuesto por distintos costes, en cuyo caso habría que calcular el coste total del producto.

👁 EJEMPLO

En un restaurante compran un saco de 10 kg de patatas que cuesta 8,20 €. Este es el gasto. De ese saco de 10 kg se puede conseguir la guarnición de patatas para 50 platos combinados. La parte proporcional de patatas asignada a cada plato, por ejemplo, 0,17 €, es una parte del coste del plato combinado. Habría que calcular el coste de las patatas, del chorizo, del huevo, de la lechuga y del tomate y el resto de ingredientes que implica la elaboración de ese plato para conocer el coste total de dicho plato.

- -

Las tareas implícitas en el aprovisionamiento o adquisición de mercancías son:

Compra o adquisición de materiales
- La compra de materiales conlleva un coste esencial, que es el precio al que pagamos el producto que adquirimos, o sea, el precio de adquisición. Este coste va a obligar a la empresa a marcar el precio de venta por encima de este, ya que, en caso contrario, se entraría claramente en pérdidas.

Selección y negociación de proveedores
- Esta tarea puede conllevar diferentes costes; desde llamadas telefónicas, envío de correos electrónicos, videollamadas, desplazamientos o viajes para reuniones y encuentros presenciales.

Solicitud de pedidos
- La realización de un pedido puede conllevar costes de telefonía o conexión a internet, incluso uso de papel y tóner si se imprime para gestionar, guardar o archivar.

Recepción de pedidos
- La recepción de pedidos implica el uso de carretillas elevadoras u otras máquinas, además de los recursos humanos especializados en el uso de estas máquinas.

Control de pedidos
- El control de pedidos implica la supervisión en cuanto a cantidad y calidad correctas, además del tiempo que puede implicar la tarea en sí.

En la actualidad existe gran variedad de softwares y programas informáticos de gestión que permiten, entre otras tareas, realizar los pedidos a proveedores. Otros proveedores disponen de sus propias páginas web a las que se accede con clave y contraseñas, y a través de ella se pueden realizar los pedidos. En ambos casos, es necesario conexión a internet.

Se intenta cuantificar los costes en unidades monetarias, aunque no siempre es así. Se deben tener en cuenta el tiempo que se tarda en realizar la tarea, la cantidad de productos a la que nos referimos en una tarea concreta y su calidad.

IMPORTANTE

No debemos olvidar que la contabilidad analítica de costes es una contabilidad interna, voluntaria, no regulada, basada en estimaciones y que puede utilizar distintas unidades de medida. Casi todo lo contrario que la contabilidad general financiera.

Los **gastos de la contabilidad general** que se pueden imputar como costes en la contabilidad analítica, en el centro de aprovisionamiento, son:

- **Gastos de amortización:** todos los gastos correspondientes a la amortización de los equipos y los elementos activos que estén implicados en el aprovisionamiento de mercancías.
- **Gastos de personal:** los gastos del personal implicado en las tareas del proceso de compra y de la adquisición de mercancías.
- **Gastos de suministros:** los gastos de suministros que se puedan imputar al aprovisionamiento, como luz, agua, gas, telefonía, conexión a internet, etc.

La luz es un suministro importante en una empresa. Su importancia puede variar desde el simple alumbrado de un local o escaparate al uso de ordenadores y máquinas sin cuyo funcionamiento se pararía el proceso productivo.

⊃ **Otros gastos:** cualquier otro gasto, como los alquileres de locales u otros bienes, mantenimiento y limpieza, etc. Es decir, cualquier gasto de la empresa que sea imputable al centro de aprovisionamiento.

6. Etapas del proceso de compras

☞ **HILO CONDUCTOR**

Pablo, gerente de Alidroju S. L., ha observado que los clientes del hipermercado tienen, a veces, comportamientos compulsivos o caprichosos a la hora de adquirir los diferentes productos. Él sabe que, como empresa, sus compras deben estar planificadas y meditadas. Para entender mejor el proceso de compras, Pablo ha decidido estudiar sus etapas.

Situándonos en el papel de empresa compradora, el proceso de compra consta de las siguientes etapas:

1. **Reconocimiento de la necesidad:** la empresa debe reconocer qué artículos necesita para su posterior venta. Como ya hemos comentado anteriormente, los elementos de la decisión de compra que debe tener en cuenta la empresa son sus propias necesidades en cuanto a gestión y capacidad de realizar el proceso de compra, y las necesidades de su clientela, es decir, los productos demandados por su mercado.
2. **Búsqueda de información:** deberá investigar qué proveedores existen en el mercado, qué productos ofrecen en cuanto a prestaciones y calidad, el *know-how* o "saber hacer" de los proveedores, cómo trabajan en el mercado, a qué competencia se dirigen, etc. Una vez que se tiene toda la información, se pasará a la siguiente fase.
3. **Evaluación de las alternativas:** con toda la información recopilada, se evaluarán todas las alternativas atendiendo a diferentes criterios; cantidad y calidad de los productos, formas y plazos de entrega, formas y plazos de pago, servicios prestados por el proveedor, etc.
4. **Decisión:** una vez estudiadas todas las alternativas, se optará por la decisión óptima en cuanto a nuestros recursos y capacidad.

La decisión es la etapa más importante en el proceso de compra. Una vez estudiadas todas las alternativas, es el momento en el que el comprador resuelve si comprar o no. En el primer caso, también determina qué producto va a adquirir.

5. **Realización de la transacción:** es decir, el intercambio del artículo o bien por el precio establecido. Según sea lo convenido, es posible que el comprador tenga que entregar primero el dinero para que el vendedor le entregue el bien. Se puede dar la circunstancia de que el comprador reciba primero el bien y, posteriormente, realice la entrega del dinero al proveedor. Esto dependerá de lo que tengan establecido en las condiciones del contrato de compraventa.

6. **Poscompra:** por último, otra etapa que tener en cuenta es el servicio o experiencia poscompra. Se debe valorar el servicio posventa que nos ofrezca el proveedor, así como la experiencia poscompra de nuestros clientes.

Por ejemplo, imagina que tu empresa compra coches de radiocontrol para su posterior venta. Se recibe el pedido aparentemente correcto. Sin embargo, cuando se vende a los clientes estos regresan con reclamaciones porque no funcionan del todo bien.

Para conocer que la experiencia poscompra del cliente es satisfactoria, la empresa debe ofrecer un buen servicio posventa al cliente.

Esta experiencia poscompra, tanto del cliente como de la empresa, influirá para la posterior decisión de compra del mismo producto al mismo proveedor.

7. El contrato de compraventa mercantil

 HILO CONDUCTOR

Pablo debe firmar contratos con los proveedores que le suministran los productos que vende en el hipermercado. No quiere que lo engañen y, por eso, decide

Continúa en página siguiente >>

<< Viene de página anterior

aprender cómo debe ser un contrato de compraventa para que las relaciones comerciales sean lo más óptimas posible.

El **contrato de compraventa mercantil** es un documento en soporte de papel o digital en el que ambas partes, comprador y vendedor, acuerdan cómo se va a realizar el proceso de compraventa.

En él deben aparecer los siguientes elementos:

- ➲ **Datos del sujeto comprador:** en este apartado del contrato deben aparecer todos los datos del sujeto o parte compradora. El comprador puede ser una persona física o jurídica. Además del nombre del sujeto o de la empresa, representantes legales, dirección, teléfono, *e-mail,* etc., deben aparecer los datos identificativos, como NIF, para poder identificar a la parte.
- ➲ **Objeto de la compraventa:** aquí se describe el artículo o artículos que son la causa del contrato. Deben figurar las cantidades, una breve descripción de los artículos, números de referencia o identificación de los artículos, modelos, colores, tamaños, etc.
- ➲ **Condiciones de entrega:** aquí se debe aclarar todo lo referente a la entrega, tanto en condiciones como en plazos. También las responsabilidades del transporte del bien. Aquí se deben tener en cuenta las cláusulas Incoterms para saber quién se hace responsable de los seguros, y en qué tramos de la ruta o transporte.
- ➲ **Datos del sujeto vendedor:** en este apartado del contrato deben aparecer todos los datos del sujeto o parte vendedora. El vendedor puede ser una persona física o jurídica. Además del nombre del sujeto o de la empresa, representantes legales, dirección, teléfono, e-mail, etc., deben aparecer los datos identificativos, como NIF, para poder identificar a la parte. En el caso de la compraventa entre empresas, las partes serán personas jurídicas o sociedades.

Existe la posibilidad de establecer un contrato verbal. Lo más aconsejable es que el contrato de compraventa quede reflejado en un soporte de papel o electrónico para que quede constancia de este y para que queden reflejados todos los detalles de dicha interacción.

- **Precio:** debe aparecer el precio del objeto de contrato de compraventa. Cuanto más aclaratorio, mejor. Es decir, precio base o base imponible, impuestos en porcentaje o valor absoluto, suplementos, cargos, etc., y el precio total resultante de la aplicación de dicho desglose.
- **Condiciones de pago:** en este apartado deben detallarse las formas de pago, así como los plazos para dichos pagos.

Además de estos elementos básicos e imprescindibles, se puede añadir todo aquello que las partes consideren que es importante aclarar y dejar constancia por escrito en el contrato.

 EJEMPLO

Puedes ver un modelo de un contrato de compraventa mercantil, accediendo desde aquí:

https://redirectoronline.com/coml011po0102

8. Resumen

El proceso de compra es la actividad principal dentro de un mercado de empresas que se encuentran constantemente comprando y vendiendo productos. En dicho proceso intervienen como mínimo dos participantes:

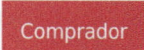

Cada uno de los participantes se encarga de preparar su parte.

- Preparación de la venta
- Preparación de la compra

Para realizar el proceso de compras es necesario diseñar un plan de compras que contenga los siguientes elementos:

Así como las estrategias más utilizadas, aunque existan más, y que son las siguientes:

Los elementos de decisión de compra de las empresas son:

- ➲ Su propia necesidad como empresa
- ➲ La demanda de sus clientes

Para entender los costes de aprovisionamiento, es vital diferenciar los conceptos gasto y coste.

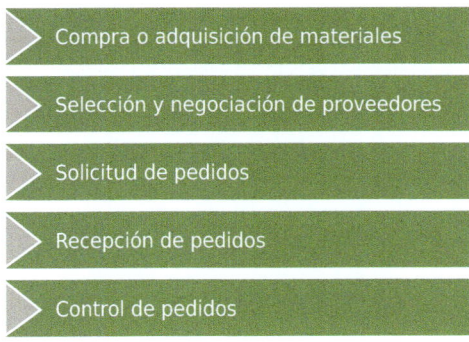

Y los gastos de contabilidad general que se imputarán a los costes de aprovisionamiento son:

- ⮣ Gastos de amortización
- ⮣ Gastos de personal
- ⮣ Gastos de suministros
- ⮣ Otros gastos

Las distintas etapas en el proceso de compra son:

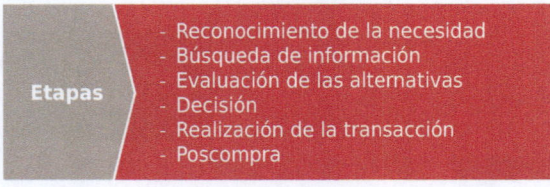

Etapas
- Reconocimiento de la necesidad
- Búsqueda de información
- Evaluación de las alternativas
- Decisión
- Realización de la transacción
- Poscompra

Para finalizar, los elementos que deben constar dentro de un contrato de compraventa mercantil son:

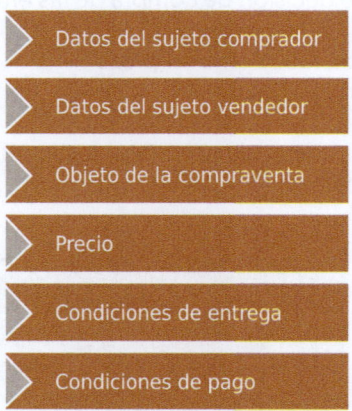

Datos del sujeto comprador

Datos del sujeto vendedor

Objeto de la compraventa

Precio

Condiciones de entrega

Condiciones de pago

Ejercicios de autoevaluación
Unidad de Aprendizaje 1

1. Indica si las siguientes afirmaciones son verdaderas o falsas.

a. Comprar es entregar un bien o servicio a cambio de un precio o valor que el comprador está dispuesto a recibir por considerarlo justo.

- Verdadero
- Falso

b. El vendedor debe realizar la preparación de la compra.

- Verdadero
- Falso

c. Los objetivos del plan de compras deben ser específicos, medibles, alcanzables, relevantes y temporizados.

- Verdadero
- Falso

2. ¿Cuál de las siguientes NO es una estrategia de compras?

a. Negociación de precios.
b. Concentración de volumen.
c. Añadir un porcentaje de margen de beneficio para calcular el precio de venta al público.
d. Selección de proveedores.

3. Indica si las siguientes afirmaciones son verdaderas o falsas.

a. A la hora de realizar el proceso de compra, la empresa debe tener en cuenta sus propias necesidades y las de sus clientes.

- Verdadero
- Falso

b. La empresa puede comprar de manera impulsiva o caprichosa igual que lo hace un cliente individual, ya que son etapas intrínsecas en el proceso de compras.

- Verdadero
- Falso

c. El contrato de compraventa mercantil no es necesario, ya que las empresas se encuentran en constante actividad de compra y venta en el mercado.

- Verdadero
- Falso

4. ¿Cuál de las siguientes tareas está implícita en el aprovisionamiento de mercancías?

a. Salida de almacén a la zona de exposición o venta.
b. Salida del almacén al transportista.
c. Salida del almacén para entregar al cliente.
d. Solicitud de pedidos.

5. Indica cuál es el orden correcto de las etapas del proceso de compras:

a. Reconocimiento de la necesidad, búsqueda de información, decisión, evaluación de las alternativas.
b. Reconocimiento de la necesidad, búsqueda de información, evaluación de las alternativas, decisión.
c. Búsqueda de información, reconocimiento de la necesidad, decisión, evaluación de las alternativas.
d. Decisión, reconocimiento de la necesidad, evaluación de las alternativas, búsqueda de información.

6. ¿Cuál de los siguientes elementos debe aparecer en el contrato de compraventa?

a. Los beneficios de la empresa compradora.
b. El patrimonio de la empresa vendedora.
c. El objeto, bienes o artículos que son causa del contrato.
d. La estrategia de compra de la empresa compradora.

7. En el proceso de compraventa intervienen las siguientes partes:

    a. Fabricante y consumidor.
    b. Empresa mayorista y empresa minorista.
    c. Productor y empresa minorista.
    d. Comprador y vendedor.

8. La negociación de precios con el proveedor corresponde a:

    a. Un objetivo del plan de compras.
    b. Una estrategia del plan de compras.
    c. Un recurso del plan de compras.
    d. Una herramienta de evaluación del plan de compras.

9. El gasto de la Seguridad Social a cargo de la empresa se puede imputar como coste en el centro de aprovisionamiento. Este gasto de la contabilidad general corresponde a:

    a. Gastos de amortización.
    b. Gastos de suministros.
    c. Gastos de personal.
    d. Otros gastos.

10. El contrato de compraventa:

    a. Es un documento donde se plasma dicho acuerdo para su posterior recuperación y consulta.
    b. Solo se realiza cuando la compraventa es por un precio superior a 5.000 €.
    c. Solo se realiza cuando el pago se va a efectuar a treinta o más días vista de la factura.
    d. Solo se realiza cuando tratamos con proveedores extranjeros internacionales.

Relación con los proveedores

Contenido

Objetivos

El objetivo general de esta Unidad de Aprendizaje es:

→ Relacionar la vinculación mercantil entre la empresa y sus proveedores.

Los objetivos específicos de esta Unidad de Aprendizaje son:

→ Identificar los tipos de empresas dentro de la cadena de distribución del producto.

→ Distinguir los diferentes canales de distribución.

→ Reconocer las fases de la búsqueda de proveedores.

→ Diferenciar los tipos de necesidades según la pirámide de Maslow.

→ Evaluar los criterios para seleccionar a los proveedores.

→ Justificar el binomio calidad-precio dentro del concepto de calidad.

→ Analizar la importancia de la mejora continua o mejora de la calidad.

→ Relacionar la expectativa y satisfacción del cliente con la percepción de la calidad.

1. Introducción

La relación con los proveedores es un aspecto que se ha de tener muy en cuenta a la hora de trabajar en el mercado. Gracias a los proveedores, podemos vender nuestros productos, ya que son ellos quienes nos los suministran. Si las relaciones con los proveedores son nefastas, va a ser muy difícil que podamos adquirir el producto en el mercado para ejercer nuestra actividad como empresa.

El mercado está compuesto por la oferta y la demanda, siendo la oferta el conjunto de empresas que ofrecen bienes y servicios, y la demanda el conjunto de clientes, usuarios o consumidores finales que adquieren dichos productos y servicios.

¿De dónde proceden los bienes y servicios para vender? De los suministradores o proveedores que se los facilitan a las empresas comercializadoras. Por tanto, los proveedores son de los primeros eslabones en la cadena de distribución.

Para estudiar la relación con los proveedores, al igual que en la unidad de aprendizaje anterior, nos centraremos en Alidroju S. L., el hipermercado que vende alimentación, droguería y juguetería y que se encuentra dentro de una pequeña ciudad de unos 50.000 habitantes. Pablo es el gerente. Suministra al público en general y a unos ultramarinos de pueblos pequeños y cercanos.

2. Introducción a la relación con los proveedores

☞ HILO CONDUCTOR

Pablo, el gerente de Alidroju S. L., tiene que analizar cómo va a ser su relación con los proveedores. Primero, debe buscarlos y, después, seleccionarlos sin descuidar la calidad de sus productos ni de sus servicios. Para ello, va a investigar cómo debe ser esta relación con proveedores.

Buscar a los proveedores dentro de un inmenso mercado no es tarea fácil. Hemos de tener en cuenta que son los suministradores de las mercancías que, después, vamos a vender a nuestros clientes.

Es necesario saber qué criterios seguir para seleccionar, dentro de todos los proveedores que hayamos encontrado, a aquellos con los que creemos que podremos entablar relaciones mercantiles prósperas.

En ambos procesos, se debe tener en cuenta la calidad, puesto que es lo que trataremos de ofrecer a nuestros clientes. Una calidad procedente de los proveedores en cuanto a su producto y servicio, y otra calidad que ofrecerá nuestra empresa en cuanto a producto y servicio que prestamos al cliente.

3. Búsqueda de proveedores

☞ **HILO CONDUCTOR**

Pablo, el gerente de Alidroju S. L., ha abierto el hipermercado recientemente. Él trabajó anteriormente en un pequeño supermercado de su barrio cuando vivía en otra ciudad. Así que no conoce a los proveedores que trabajan por la zona donde vive ahora y ha montado este hipermercado. Por tanto, tiene que buscar a proveedores que trabajen y suministren en su ciudad. Por eso, Pablo va a aprender qué debe hacer para buscar a dichos proveedores.

Antes de empezar a buscar proveedores en el mercado, debemos saber qué posición ocupa nuestra empresa en la cadena de distribución del producto o servicio.

3.1. Empresas intervinientes

Generalmente, las **empresas intervinientes** en el proceso de distribución de un producto o servicios son las siguientes.

Vendedor de materia prima

Es el primer eslabón en la cadena de distribución de cómo llegan los productos al consumidor final. La empresa vendedora de materia prima es la que se encarga de extraer de la naturaleza la materia prima y se la vende al fabricante o productor para que trabaje con ella y pueda elaborar un artículo, bien o producto. Por ejemplo, una empresa maderera extrae madera de la naturaleza y la vende a una fábrica de muebles.

En la imagen se ve una empresa maderera apilando troncos de madera que después cortarán y lijarán para vender a los fabricantes de muebles. En este caso, la empresa maderera extrae madera (materia prima) de la naturaleza para vendérsela al fabricante de muebles (productos), que a su vez los venderá a otras empresas comercializadoras.

Fabricante o productor

Es el siguiente eslabón. El fabricante o productor compra materias primas con las que elaborar, fabricar o crear productos para ser vendidos a las empresas mayoristas. Por ejemplo, el fabricante o productor es la fábrica de muebles que compra la madera a la empresa maderera para fabricar todo tipo de muebles; mesas, sillas, armarios, etc.

Mayorista

Es la empresa que compra grandes cantidades de producto para venderlas en cantidades más pequeñas a empresas minoristas. Por ejemplo, la empresa mayorista compra mucha cantidad de muebles al fabricante para posteriormente venderlos a diferentes tiendas de muebles minoristas.

Minorista

La empresa minorista es la que compra la cantidad de producto necesaria para vender al consumidor final. Por ejemplo, una tienda de muebles compra al distribuidor o empresa mayorista una cantidad que va a guardar en el almacén. Del almacén los productos saldrán a la zona de exposición o tienda para que los clientes o consumidores finales puedan comprar los muebles.

La empresa minorista compra sus productos a la empresa mayorista, y se los vende al consumidor final. La empresa minorista es una empresa comercializadora o intermediaria.

Consumidor final

El consumidor no es una empresa. Es el último eslabón de la cadena. Es para quien se crean y se venden los productos y servicios. Por ejemplo, el consumidor final, usuario o cliente es la persona que se ha comprado una casa nueva y va a una tienda de muebles para decorar el salón, los dormitorios y el resto de la casa.

3.2. Canales de distribución

A pesar de que existan todos estos eslabones en la cadena de distribución de los productos, no siempre participan todos ellos en el canal de distribución. Los **canales de distribución** pueden ser de distintos tipos.

Canal directo

En el canal directo, el proveedor, fabricante, productor o suministrador del producto o servicio realiza la venta directamente al consumidor final.

 **EJEMPLO**

Un ejemplo de canal directo es el de un vivero que cultiva sus propias plantas y las vende a los consumidores. Otro ejemplo de este modelo es el de un hotel que vende directamente el alquiler de sus habitaciones a sus huéspedes o clientes finales.

Canal corto

En el canal corto, interviene una empresa minorista. En este caso, el proveedor, fabricante, productor o suministrador del servicio realiza la venta a una empresa minorista, que posteriormente vende al consumidor final.

 **EJEMPLO**

Un ejemplo de canal corto son los pescadores en los mercados de lonjas vendiendo sus productos a la empresa minorista del mercado de abastos que vende al consumidor. Es habitual en pequeños agrícolas que cultivan frutas y hortalizas y venden sus productos a supermercados y fruterías locales, que venden a sus clientes. Otro ejemplo de servicios es el del hotel que vende el alquiler de sus habitaciones a través de una agencia de viajes minorista que realiza la reserva para su cliente final.

Canal largo

En el canal largo interviene, además, una empresa mayorista. El proveedor, fabricante, productor o suministrador del servicio vende sus productos a una empresa mayorista, que venderá dichos productos a una empresa minorista, que posteriormente se los venderá al consumidor.

 **EJEMPLO**

Una empresa de componentes tecnológicos vende dichos productos a una empresa mayorista, que distribuye y vende a través de empresas minoristas que venden a los consumidores. Otro ejemplo es el hotel que vende el alquiler de sus habitaciones a turoperadores o agencias de viajes mayoristas para incluir dicho alojamiento dentro de un paquete vacacional, que venderá a agencias de viajes minoristas que venden los paquetes vacacionales a sus clientes.

Multicanal

En esta opción, el proveedor, fabricante, productor o suministrador de un servicio vende a través de diferentes canales. Puede utilizar los canales físicos directo, corto y largo, pero además puede utilizar el acceso a internet para la venta online o comercio electrónico, bien sea a través de página web propia, bien de las páginas web de sus intermediarios.

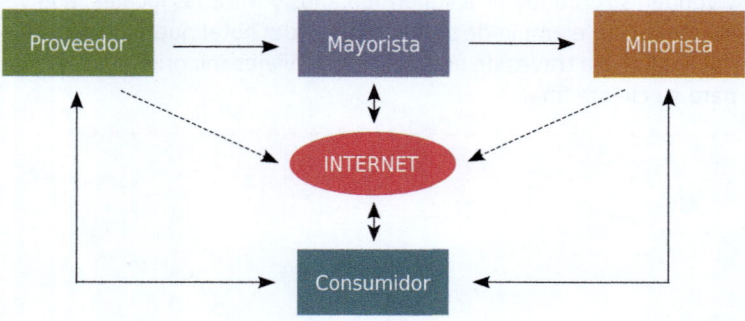

EJEMPLO

Un fabricante de calzado deportivo vende su producto a través de una página web propia, a través de mayoristas que venden el producto a tiendas de deporte o empresas minoristas, que también cuentan con página web, y, además, el productor vende el calzado deportivo a través de una página web externa como Amazon. De esta manera, además del canal tradicional de las tiendas físicas (mayorista y minoristas), utiliza su web propia, la web externa de Amazon y las diversas webs de las tiendas minoristas, multiplicando así sus canales de distribución y ventas.

 ACTIVIDAD COMPLEMENTARIA

2. Lee el artículo titulado "Multicanal y omnicanal en la hostelería. ¿Cómo funciona en la práctica?", e indica qué canales de ventas son los utilizados en este sector. Para acceder al artículo puedes hacerlo desde aquí:

https://redirectoronline.com/coml011po0201

3.3. Fases en la búsqueda de proveedores

Una vez que conocemos qué tipo de empresas somos en la cadena de distribución y conocemos qué canal o canales utilizamos, procederemos a **buscar a los proveedores** en el mercado.

Esta búsqueda consta de cuatro fases:

1. **Conocer las necesidades de la empresa:** las necesidades de la empresa estarán basadas en las necesidades de sus clientes y en sus propias necesidades como empresa. Para responder a las necesidades de sus clientes, deben plantearse las preguntas **qué pedir** y **cuánto pedir**. Mientras que, para responder a las necesidades propias de la empresa, deben plantearse la pregunta **cómo pedir.** En este segundo caso entrarán en juego los criterios para evaluar a los proveedores.
2. **Listar los proveedores:** una vez que conocemos todas estas necesidades, las de los clientes y las de la empresa, pasaremos a listar los proveedores existentes en el mercado que pueden satisfacerlas.
3. **Evaluar los proveedores según los criterios:** una vez listados los proveedores, se estudiarán todas las opciones, sopesando los pros y los contras que ofrece cada proveedor. Para ello, se tendrán en cuenta diferentes criterios relacionados con la actividad de nuestra empresa, que serán los que nos induzcan a decidir quiénes son los proveedores más apropiados para trabajar con ellos. De ahí surgirá el proceso de la selección de proveedores.
4. **Certificación de los proveedores:** además de evaluar los proveedores según los criterios acertados a nuestra empresa, se ha de valorar y asegurar que los proveedores cuentan con las certificaciones legales obligatorias si así son requeridas dependiendo de la actividad de la empresa. Algunas empresas proveedoras deben cumplir unos requisitos de normalización, acreditación, certificación u homologación. Antes de contratar un proveedor se debe conocer si cumplen con las normativas vigentes, tanto a nivel europeo, estatal, regional, provincial o municipal. Existen normas UNE o normas ISO de obligado cumplimiento para algunas empresas. En agroalimentación y ganadería, existen unas normas relativas al bienestar animal o a la denominación de origen de algunos productos. Por tanto, deberemos saber si esos proveedores cumplen con esos requisitos.

Hay empresas que, aparte de los certificados obligatorios, se someten de manera voluntaria a reconocimientos de calidad como la Q de calidad turística, el modelo EFQM, etc., o sellos de calidad web.

👁 **EJEMPLO**

El queso con denominación de origen protegida "queso manchego" se debe hacer con leche de oveja de raza manchega. En ese caso, la quesería debe estar segura de que el proveedor de leche garantiza que la leche que vende es de oveja de raza manchega.

En la foto se ve una quesería. Si se trata de un queso común, la procedencia de la leche no es tan importante. Por el contrario, si se trata de un queso de denominación de origen, el quesero deberá tener garantizada la procedencia de la leche con la que va a elaborar el queso. De este modo se garantiza la calidad en el producto que vende a sus clientes.

3.4. Cómo conocer las necesidades de los clientes. La pirámide de Maslow

Para saber las necesidades de los clientes, es necesario conocer la clasificación que realizó **Maslow,** un psicólogo estadounidense que en 1943 publicó su libro *Una teoría sobre la motivación humana,* en la que expuso la conocida como **pirámide de Maslow.** En ella, clasifica las necesidades en una jerarquía. Su teoría dice que, una vez que se satisfacen las necesidades del primer escalón en la pirámide, el individuo aspira a suplir las del segundo escalón, y así hasta llegar a la autorrealización del individuo. Los tipos de necesidades según Maslow son:

 **EJEMPLO**

Una agencia de viajes puede vender un billete de transporte a una persona que necesita desplazarse al entierro de un familiar, o el mismo billete de transporte a una persona que se desplaza por negocios, o a una persona que se marcha de vacaciones. El producto o servicio es el mismo, pero las necesidades y motivaciones de cada cliente son diferentes.

A continuación explicamos en qué consiste cada una de ellas.

Autorrealización

Son las necesidades que están ligadas a la realización de uno mismo como persona; moralidad, creatividad, resolución de conflictos, meditación, etc. El ser humano alcanza el reconocimiento de los demás, pero también desea alcanzar su reconocimiento propio, su propia aceptación.

Estima o reconocimiento

Son aquellas necesidades que van ligadas al agradecimiento del individuo; respeto, éxito, confianza. Una persona, además de sentirse aceptada en un grupo, necesita considerar que los demás le agradecen su trabajo, su forma de ser, su existencia. De ahí la necesidad de este reconocimiento por parte de los demás. En muchas ocasiones, está relacionado con sentirse dentro de un status o clase social.

Sociales o afiliación

Son las necesidades relacionadas con todo aquello que proporcione al individuo cariño, amor y aceptación por parte de otros iguales; la amistad, el afecto, la pareja. Sentirse aceptado por su entorno cercano de amigos, vecinos, compañeros de trabajo y saber que pertenece a una sociedad, otros seres humanos que cuentan con él.

Seguridad

Son las necesidades relacionadas con todo aquello que proporciona seguridad física o emocional al individuo; seguridad física, estabilidad laboral, propiedad privada de sus pertenencias, vivienda donde habitar, buena salud, etc.

 EJEMPLO

Una vez que las necesidades básicas están cubiertas, el individuo necesita una vivienda (en propiedad o en alquiler) donde pueda llevar una vida rutinaria y donde pueda satisfacer las necesidades básicas de dormir, comer, beber, etc., de manera regular. Esto le proporciona seguridad. Una persona que cada día come en un sitio diferente y duerme en un sitio diferente necesita encontrar un sitio estable para tener la seguridad de que todos los días va a poder comer y dormir en el mismo lugar.

Fisiología

Son las necesidades básicas del ser humano; comer, beber, dormir...

 EJEMPLO

Una persona que pasa hambre y depende de la caridad del resto de individuos para su supervivencia es raro que sea vegano, ya que seleccionar el tipo de comida con la que te deseas alimentar o no, no se suele producir cuando esa necesidad básica no está satisfecha.

APLICACIÓN PRÁCTICA

Encarna ha ido a comprar al supermercado cacao en polvo para diluir en leche para el desayuno de sus hijos. Compra un bote de cacao de marca blanca, que es el preferido de su hija Sara, y otro de cacao de una marca muy conocida y mucho más cara, que es el preferido de su hija Lucía. ¿Qué necesidades de la pirámide de Maslow desea satisfacer Encarna? Justifica tu respuesta.

Solución

Atiende a las necesidades sociales o de afiliación, ya que quiere satisfacer a sus hijas comprando las marcas preferidas de cada una de ellas. Lo hace para cubrir las necesidades de afecto familiar porque quiere a sus hijas. De ahí que compre dos marcas diferentes, pero no cualquier marca, sino las preferidas de sus hijas.

Las necesidades fisiológicas quedarían cubiertas comprando la marca más barata para ambas.

Las de seguridad no están relacionadas.

Las de reconocimiento se darían si, por ejemplo, Encarni quisiera impresionar a invitados o a terceros ajenos a la familia con su poder adquisitivo, presumiendo de que en la familia no consumen marca blanca o económica, sino marcas conocidas. Sin embargo, la intención que la mueve son las preferencias de sus hijas. Si a una de ellas le gustase la marca blanca, se la habría comprado con el fin de satisfacer el gusto o deseo de su hija.

4. Selección de proveedores

☞ HILO CONDUCTOR

Pablo, el gerente de Alidroju S. L., ya tiene un gran listado con los proveedores de la zona. Para todas sus secciones; alimentación, droguería y juguetería. Ahora debe seleccionar a los mejores, pero no sabe con cuáles emprender las relaciones mercantiles. Pablo va a estudiar qué criterios debe seguir para seleccionar a los proveedores más convenientes.

- -

Una vez que hemos listado y evaluado los diferentes proveedores existentes en el mercado, llega la hora de pasar a la acción y seleccionar aquellos con los que consideramos que va a resultar beneficioso trabajar. Es recomendable seleccionar a más de uno. Aunque lo ideal es que las relaciones mercantiles sean idóneas, se puede dar el caso de que la relación con un proveedor se rompa en un momento dado por algún motivo. De ahí que no sea recomendable apostar todos los esfuerzos con un único proveedor. En algunas ocasiones donde se exige exclusividad debe ser así. Pero, salvo en esas contadas excepciones, es mejor diversificar proveedores. Para tomar esa decisión, debemos tener en cuenta los siguientes criterios:

- **Suministro de productos y marcas:** una vez que la empresa conoce las necesidades de sus clientes, debe seleccionar a aquellos proveedores que puedan suministrar los productos que satisfagan las necesidades de estos, en cuanto a tipos de productos por sus diferentes prestaciones o características, a sus distintos niveles de calidad, a sus diferentes marcas, etc.
- **Servicios que prestan:** además del producto que suministra para su posterior venta a los clientes, se debe tener en cuenta el servicio que el proveedor presta a la empresa. Detalles como una rápida y eficiente atención telefónica, una óptima gestión del correo electrónico, un buen servicio posventa, una rápida y eficaz resolución de conflictos ante quejas o reclamaciones de clientes, una resolutiva gestión de incidencias administrativas con facturas, pedidos, albaranes, etc.
- **Plazos de pago:** el mayor o menor plazo a la hora de realizar el pago va a favorecer la liquidez de la empresa y la autofinanciación. Esto puede ser una ventaja añadida a la hora de seleccionar el proveedor.
  Por ejemplo, Luis regenta un bar. Hasta hace año y medio el proveedor de bebidas le permitía el pago a 60 días vista de factura. Por lo que Luis recibía la mercancía, vendía y después pagaba. Sin embargo, desde que se retrasó en el pago de tres facturas, el proveedor le exige prepago

para el suministro. Luis debe pagar primero al proveedor para que este le suministre las bebidas que posteriormente va a vender, pues, mientras no pague por adelantado, no le sirve los pedidos. Luis está ahora arriesgando su dinero porque, una vez que ya ha pagado, si las ventas disminuyen, se queda con la mercancía en el almacén.

- **Formas de pago:** las formas de pago son diversas y también puede resultar una ventaja a la hora de seleccionar al proveedor. Las formas de pago se estudiarán más detalladamente en las próximas unidades. Por el momento, diremos que pueden ir desde el efectivo, que va cayendo en desuso en las relaciones mercantiles, hasta domiciliación bancaria, ingreso en cuenta, tarjetas de débito o crédito, pagarés, letras de cambio, cheques, transferencias bancarias, etc.

- **Formas y plazos de entrega:** cuando la empresa solicita mercancía al proveedor, debe quedar bien claro quién y cómo se hace cargo del traslado o transporte de esta. Los Incoterms o términos de comercio internacional son de varios tipos. Se refieren a los gastos de transporte, el lugar de entrega, quién asume los riesgos, quién paga los seguros y las diferentes coberturas, quién se hace cargo de los trámites aduaneros, etc. Todos estos aspectos quedan reflejados en los Incoterms.

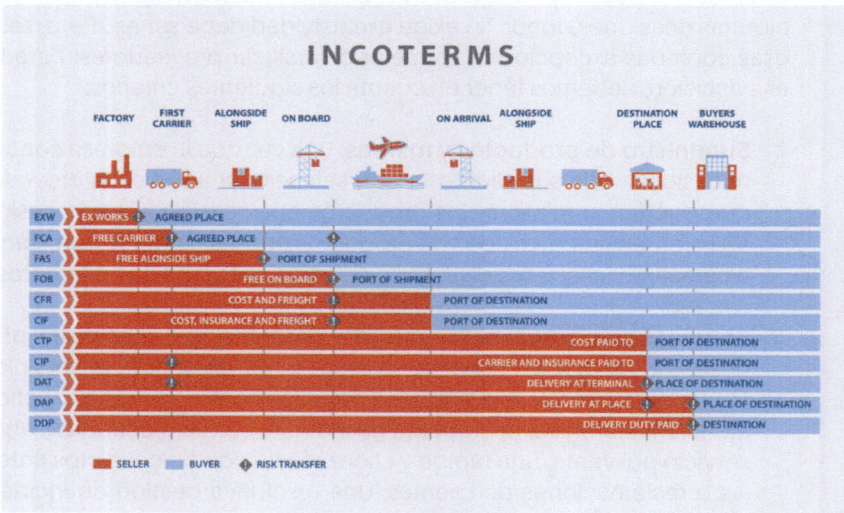

En el esquema se pueden ver los once tipos diferentes de Incoterms que existen. En ellos se define cuál de las partes de la compraventa (comprador o vendedor) se hace cargo del transporte, los seguros, los riesgos, los trámites aduaneros, etc.

 **PARA SABER MÁS**

Si deseas conocer más acerca de los términos Incoterms, lo puedes hacer accediendo desde aquí:

https://redirectoronline.com/150xj

- -

5. Calidad

☞ **HILO CONDUCTOR**

Pablo, gerente del hipermercado Alidroju S. L., no quiere ofrecer cualquier producto a sus clientes. Él desea ofrecer productos de calidad, así como un servicio excelente para que los consumidores hablen bien de su hipermercado y este adquiera buena fama mediante la publicidad boca a boca de su clientela. Está ubicado en una ciudad pequeña donde las noticias corren como la pólvora. De ahí la importancia de mantener una imagen de calidad. Para ello, va a informarse sobre qué es la calidad para poder ofrecerla a sus clientes.

- -

Podemos afirmar que hemos seleccionado a los proveedores por su calidad. Calidad en sus productos, que satisfarán las necesidades de nuestros clientes, y calidad en el servicio que nos prestan como empresa intermediaria que somos.

La pregunta sería: ¿qué es la calidad?

La calidad no está relacionada con lo caro ni con lo bonito o lo más grande. Ni con las famosas tres B de *bueno, bonito y barato*. Habremos escuchado en alguna ocasión hablar del **binomio calidad-precio.** Este binomio es el precio que el consumidor está dispuesto a pagar por un producto que ofrece unas características y unas prestaciones que van a cubrir las necesidades del cliente. De esta idea, podríamos decir que la calidad es el conjunto de prestaciones y características que presenta un producto, bien, artículo o servicio con el fin de satisfacer las necesidades del consumidor.

Sin embargo, debido a la inmensa cantidad de productos que existen en el mercado para satisfacer las necesidades del cliente, podríamos proponer la siguiente definición:

 DEFINICIÓN

Calidad
Es el conjunto de acciones enfocadas a evitar el error en el proceso de fabricación, distribución, compraventa y disfrute de un producto o servicio.

Es decir, la calidad es la perfecta fabricación del producto, que no debe sufrir ninguna rotura, avería o desperfecto durante su distribución, transporte, almacenaje y exposición ni durante su vida útil mientras se haga un uso correcto de él.

Sin embargo, también podemos afirmar que la perfección no existe. Aquí entra en juego el término de **mejora continua o mejora de la calidad.** Todo es mejorable. De ahí la importancia de gestionar las reclamaciones y quejas de los clientes y de someterse a planes de calidad, reconocimientos y premios.

Cuando un cliente pone una reclamación o una queja, es una oportunidad para mejorar el producto o servicios. El cliente suele indicar dónde está el error, por qué no está satisfecho, en qué ha fallado el producto o el servicio. Entonces se buscará la manera de resolver y solucionar dicho error.

Para conseguir una calidad excelente, se debe tener en cuenta que, además del producto o servicio que se vende, las empresas están formadas por personas que prestan su servicio, su empeño, su esfuerzo o su trabajo. Es decir, la **calidad de la empresa;** sus productos y sus recursos humanos.

Si los productos o servicios son buenos, pero el vendedor no es amable, la percepción del cliente respecto a la calidad disminuye, ya que el consumidor percibe la calidad como un "todo" dentro de una experiencia de compraventa.

👁 EJEMPLO

María va a una peluquería que le ha recomendado su amiga Ana. Le ha comentado que allí peinan bien a un precio bastante asequible. Sin embargo, María no queda contenta porque la peluquera que le ha atendido no ha sido amable. Cuando le ha comentado que el agua del lavabo estaba un poco fría, la peluquería le ha contestado de manera un poco arisca que "normalmente a todo el mundo se la ponen a esa temperatura". Aunque la peluquería ha puesto el agua más caliente, el desagradable comentario ha hecho que María perciba la calidad no tan esperada, independientemente de que se haya quedado bien peinada y el precio haya sido razonable.

La calidad es un término subjetivo que va ligado a la subjetividad. Una persona puede percibir un producto como un producto de calidad, y otra persona distinta, percibirlo como una calidad distinta.

Esto tiene que ver con la **expectativa y satisfacción del cliente.**

Si la percepción real es mayor que la expectativa, el cliente estará muy satisfecho y percibirá una calidad alta.

Si la percepción real es más o menos igual que la expectativa del cliente, la satisfacción será la esperada y, por tanto, la calidad será la mínima esperada.

Si la percepción real del cliente está por debajo de la expectativa, el cliente quedará insatisfecho y, por tanto, la calidad será baja.

Las expectativas las crea la empresa mediante **campañas de publicidad y marketing,** por eso es necesario que se ajusten todo lo posible a la realidad del producto. Si la empresa crea unas expectativas muy elevadas que no se corresponden con la realidad del producto, los clientes quedarán insatisfechos y se habrá fallado en la fase de publicidad y comunicación al cliente dentro del proceso de compraventa.

Si la realidad se ajusta a la expectativa, el cliente se conforma con lo esperado. Si la realidad supera o se queda por debajo de la realidad, surgirá en el cliente una sensación de satisfacción o insatisfacción y una percepción de buena o mala calidad. La expectativa, la percepción y la insatisfacción son subjetivas.

 TAREA 2

Ricardo tiene una clínica de fisioterapia donde presta los servicios propios de este tipo de empresas, principalmente masajes. Él sabe que es un experto en su materia y tiene una clientela numerosa gracias a la publicidad boca a boca que se hacen entre sus clientes.

Sin embargo, hoy varios clientes le han formulado distintos comentarios. Uno le ha dicho que en la sala de espera se ha sentado precisamente en una silla con una pata endeble que parece que está a punto de romperse. Otro, que en la sala de masajes ha pasado un poco de frío al estar con la espalda al descubierto. Otro, que la música de la radio está un poco alta y que él prefiere un ambiente más relajante. Otro, que ha tenido que esperar casi una hora, cuando ya tenía cita previa concertada. Otro, que el teléfono suena muy fuerte. Y otro, que el desinfectante utilizado en la sala de masajes desprende un olor demasiado intenso.

Aun así, todos se han ido satisfechos con el masaje y aliviados de sus dolores. Todos recomendarían la clínica de Ricardo como profesional fisioterapeuta. Sabiendo que el servicio fisioterapéutico es excelente y muy satisfactorio para su clientela, ¿crees que el servicio que ofrece Ricardo es mejorable? Comenta qué aspectos puede mejorar para ofrecer mayor calidad.

6. Resumen

La búsqueda de los proveedores en el mercado es un paso muy importante para ejercer nuestra actividad empresarial. Para ello, lo primero es conocer qué tipo de empresa somos dentro de la cadena de distribución desde que se fabrica el producto hasta que llega al consumidor final:

Una vez que sabemos qué tipo de empresa somos, se deben analizar los diferentes tipos de canales de distribución:

La búsqueda de proveedores consta de las siguientes cuatro fases:

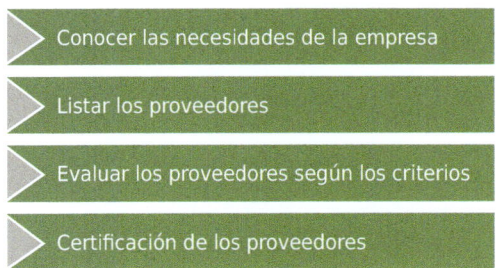

Dentro de la primera fase, para conocer las necesidades de la empresa y de los clientes, recurriremos a la pirámide de Maslow, que las clasificó de la siguiente manera:

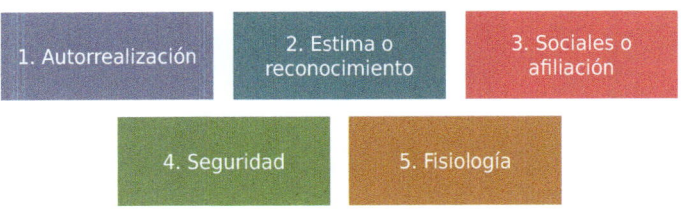

Cuando ya hemos buscado a los proveedores, procederemos a seleccionar aquellos que nos interesan, de acuerdo con los siguientes criterios:

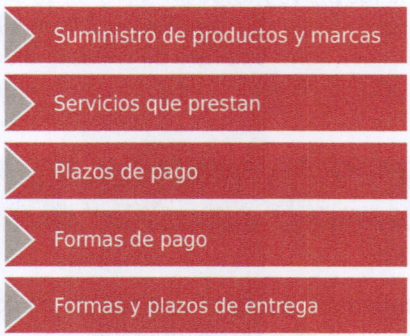

Suministro de productos y marcas

Servicios que prestan

Plazos de pago

Formas de pago

Formas y plazos de entrega

Por último, en nuestra relación con los proveedores no podemos olvidar apostar por la calidad, teniendo en cuenta el binomio calidad-precio a la hora de adquirir los productos que posteriormente vamos a vender, una política de mejora continua o mejora de la calidad, ya que todo es mejorable, la calidad de la empresa como conjunto de la calidad de los productos más la calidad de nuestro servicio o trato o atención al cliente, y la satisfacción del cliente como elemento clave para su percepción de la calidad.

Ejercicios de autoevaluación
Unidad de Aprendizaje 2

1. El ganadero que vende leche de vaca para que las empresas elaboren productos lácteos es:

    a. Vendedor de materia prima.
    b. Empresa fabricante.
    c. Empresa mayorista.
    d. Empresa minorista.

2. Cuando un agricultor vende sus frutas y hortalizas a través de su página web a consumidores finales, hablamos de un canal de distribución:

    a. Directo.
    b. Corto.
    c. Largo
    d. Multicanal.

3. ¿A qué necesidades de Maslow se asocia la acción de comprarse un coche de alta gama para presumir en tu barrio de tu alto poder adquisitivo?

    a. Autorrealización.
    b. Estima o reconocimiento.
    c. Sociales o de afiliación.
    d. Seguridad

4. Ordena las fases de la búsqueda de proveedores:

    • Listar los proveedores.
    • Certificación de proveedores.
    • Evaluación de proveedores según criterios.
    • Conocer las necesidades de la empresa.

5. **El hecho de que el proveedor permita al cliente pagar a 60 días vista atiende al criterio:**

   a. Servicio que presta.
   b. Plazos de pago
   c. Formas de pago
   d. Formas y plazos de entrega

6. **El servicio posventa del proveedor atiende al criterio:**

   a. Servicio que presta.
   b. Plazos de pago.
   c. Formas de pago.
   d. Formas y plazos de entrega.

7. **El hecho de que los productos del proveedor los recibamos en cinco días como máximo atiende al criterio:**

   a. Servicio que presta.
   b. Plazos de pago.
   c. Formas de pago.
   d. Formas y plazos de entrega.

8. **Cuando se habla del precio que el cliente está dispuesto a pagar por un producto o servicio, se habla de:**

   a. Relación pérdida-beneficio.
   b. Relación gasto-ingreso.
   c. Relación inversión-coste.
   d. Relación calidad-precio.

9. **Respecto al concepto de calidad, indica si las siguientes afirmaciones son verdaderas o falsas:**

   a. La calidad solo la pueden ofrecer las marcas que están altamente posicionadas en el mercado internacional.

      ▪ Verdadero
      ▪ Falso

b. La calidad solo existe cuando se paga un precio superior a 100 €.

- ■ Verdadero
- ■ Falso

c. La calidad siempre es mejorable, ya que no existe la perfección absoluta.

- ■ Verdadero
- ■ Falso

10. Cuando la realidad percibida por el cliente es demasiado inferior a su expectativa, se habla de:

a. Satisfacción plena.
b. Poca satisfacción.
c. Poca insatisfacción.
d. Mucha insatisfacción.

Pedidos y recepción de mercancías

Contenido

Objetivos

El objetivo general de esta Unidad de Aprendizaje es:

→ Establecer las diferencias entre la realización de pedidos y la recepción de las mercancías.

Los objetivos específicos de esta Unidad de Aprendizaje son:

→ Diferenciar los documentos básicos dentro del ciclo comercial o proceso de compraventa.

→ Identificar los diferentes papeles de vendedor y comprador dentro de una misma empresa.

→ Comparar las formas y vías de realizar un pedido.

→ Reconocer el contenido de un pedido.

→ Justificar las diferentes copias de un albarán.

→ Describir el contenido de un albarán.

1. Introducción

Las empresas que se dedican a una actividad comercializadora en la que compran y venden producto deben identificar estas transacciones de compraventa. Para ello, se hace necesario emitir una documentación que identifique los productos que se compran, a qué precio, cuándo, a quién, cómo y cuándo se va a realizar el pago, etc., en definitiva, todos los datos referentes a dicha transacción.

Los documentos más importantes son el pedido o solicitud de lo que se desea comprar, el albarán relacionado con el transporte y entrega de dicho *stock,* y la factura que hace referencia a la obligación de pago o cobro por haber realizado la compraventa.

Continuaremos centrados en el ejemplo de Alidroju S. L., el hipermercado que vende alimentación, droguería y juguetería situado dentro de una pequeña ciudad de unos 50.000 habitantes. Pablo es el gerente. Suministra al público en general y a unos ultramarinos de pueblos pequeños y cercanos.

2. El pedido

👉 HILO CONDUCTOR

Pablo, el gerente de Alidroju S. L., se ha dado cuenta de que existe un pequeño lío en el Departamento de Administración. Existen documentos con la palabra *pedido,* pero no se sabe si corresponden a pedidos que han hecho ellos a los proveedores o a pedidos que han recibido de sus clientes. Deben aclarar este pequeño caos. Por eso, Pablo va a aprender acerca de los pedidos para así instruir a su personal y que no se produzcan estas confusiones.

En el ciclo comercial o proceso de compraventa encontramos estos tres documentos básicos:

Pedido

- El pedido es el proceso correspondiente a la acción de pedir o solicitar una cantidad de mercancía a un proveedor para que la suministre al comprador.

Albarán

- El albarán o nota de entrega es el documento que acredita la salida de mercancías del almacén, y la entrega de mercancías al cliente.

Factura

- Es el documento que acredita la acción de compraventa, independientemente de cuándo se entrega el género.

Estos documentos se pueden expresar como el desarrollo de un proceso de compraventa. Generalmente, el pedido se convertirá en albarán, y el albarán en factura, aunque son tres documentos diferentes. Los datos del primero se arrastrarán al segundo, y los del segundo al tercero.

 APLICACIÓN PRÁCTICA

Luis debe solicitar *stock* para el almacén de su empresa. Esta solicitud se la hace a la empresa proveedora de siempre. ¿Qué tipo de documento debe realizar? Justifica tu respuesta.

- **Pedido de cliente**
- **Pedido a proveedor**
- **Albarán**
- **Factura**

Solución

El pedido a proveedor es el documento que se debe emitir para solicitar stock al suministrador de este.

Mientras que el pedido de cliente es la solicitud que recibimos de los clientes cuando desean comprar nuestros productos.

Continúa en página siguiente >>

<< Viene de página anterior

El albarán se produce cuando el vendedor ha preparado el pedido y lo envía al comprador.

Y la factura es el documento que se emite para constatar que hay una obligación de pago por parte del comprador.

Hoy día, con los sistemas informáticos de gestión, esta operación de conversión es muy fácil. En la mayoría de los casos se trata de seleccionar el pedido y clicar en la opción de convertirlo a albarán y, posteriormente, seleccionar el albarán y clicar en la opción de convertirlo a factura, haciendo alguna modificación si fuese necesario.

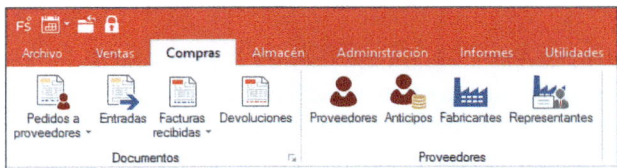

*En el programa Factusol, se puede distinguir, dentro de la pestaña **Compras**, las opciones de Pedidos a proveedores, Entradas y Facturas recibidas, que son las emitidas por el proveedor y que la empresa compradora debe pagar.*

Cuando realizamos una compra, debemos realizar el pedido al proveedor. Después, nos llegará la mercancía a la que daremos entrada en el almacén y gestionaremos la factura. La gestión de la factura dependerá de la forma de pago.

Si la forma de pago es un prepago, esto significa que el pago se debe realizar antes de que el proveedor nos sirva el género. Si la forma de pago es posterior, por ejemplo, a 30, 60 o 90 días, deberemos esperar al vencimiento de la factura para pagarla y archivarla, aunque la mercancía ya esté en nuestro almacén.

*En el programa Factusol, en la pestaña **Ventas** podemos distinguir las opciones de **Pedidos de cliente** y **Albaranes,** que deben firmar cuando se les entrega la mercancía y las facturas emitidas que como vendedores debemos cobrar al cliente, tanto si se trata de una empresa como de un cliente individual.*

El tema de venta y facturación lo veremos en otra unidad de aprendizaje.

2.1. Formas de realizar un pedido

El pedido se puede realizar de varias maneras.

A continuación vamos a ver en detalle cada una de ellas.

Verbalmente

El pedido se puede realizar de palabra. Esta opción no es la más recomendable, ya que puede dar lugar a muchos malentendidos a la hora de describir el artículo, decir una referencia incorrecta del producto, o equivocarse al requerir la cantidad, etc. Se suele utilizar cuando no queda ninguna opción más que la de solicitar el pedido por teléfono. Lo habitual en estos casos es que el proveedor sí tome nota escrita de lo que la empresa compradora solicita.

 **EJEMPLO**

Ricardo debe realizar un pedido muy urgente. Como hay obras en la calle donde está ubicado su comercio, la línea de internet no va a funcionar durante dos días (hoy y mañana) porque dichas obras afectan al cableado y suministro de su proveedor de fibra óptica. Como fue avisado por la compañía suministradora, realizó la mayoría de los pedidos antes de hoy, y lo que vaya necesitando lo pedirá a partir de pasado mañana. Sin embargo, el pedido urgente tiene que realizarlo, ya que es un artículo para un cliente muy importante. Ricardo decide llamar por teléfono al proveedor para realizar el pedido, con la promesa de enviárselo luego en algún formato escrito para que quede constancia de este.

Fax

El documento del pedido se envía mediante fax. Actualmente, el fax se encuentra integrado en los sistemas informáticos de gestión, y es, por tanto, una opción en la que podemos clicar cuando decidimos enviar el pedido.

E-mail

El pedido se puede solicitar por *e-mail* de dos formas, bien en el propio cuerpo del *e-mail,* bien como documento adjunto en un archivo de *Word* u otro procesador de texto.

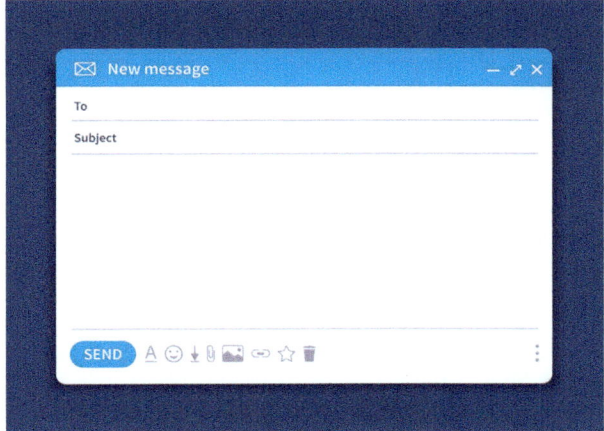

A través del correo electrónico se puede enviar un pedido del proveedor a la dirección de e-mail de este. Solo hay que conocer la dirección de correo electrónico del proveedor, indicar en el campo Asunto el número de pedido y un breve saludo en el cuerpo del e-mail con nuestros datos de firma. El pedido se puede enviar como documento adjunto en diferentes formatos; Word, PDF, Excel u otros.

Web internet

Hay proveedores que disponen de su propia página web, y las empresas compradoras acceden a ella mediante unas claves. Estas claves de cliente sirven para que la empresa proveedora o vendedora pueda identificar al cliente. Rellenan el formulario de pedido, que suele estar representado por un carro de la compra o una cesta, y se envía. El proveedor lo recibe y, generalmente, lo vuelca en su sistema de gestión.

 **PARA SABER MÁS**

Puedes ver la opción de acceso al pedido rápido de una papelería *online* y una empresa compradora podría pedir material de oficina, accediendo desde aquí:

https://redirectoronline.com/8uwkn

Web intranet

Funciona parecido a internet, salvo que la intranet es una red propia de la empresa. Esta vía se da en grandes empresas que deben pedir el suministro a un único proveedor propio o una central de la compañía.

 EJEMPLO

Amanda trabaja en una nave de un polígono que se dedica a vender ropa y calzado deportivo. Su empresa tiene tiendas en todas las ciudades españolas de más de 50.000 habitantes. Amanda es la encargada de hacer los pedidos a través de la intranet de la empresa, que tiene sus almacenes centrales en Madrid y distribuye a todas sus tiendas.

2.2. Contenido del pedido

El pedido debe contener los siguientes apartados o tipos de datos.

Datos referidos al documento

Estos datos son los siguientes:

- **Datos del comprador:** los datos que deben aparecer en este apartado son el nombre de la empresa compradora, dirección postal, población, provincia y país (si procede), NIF, teléfono, fax, dirección de *e-mail,* etc. El NIF es el dato más importante, ya que es el número de identificación fiscal que va a aparecer en el resto de documentación, incluidas las facturas, y es como la Hacienda pública identifica a las empresas. En España, la Hacienda pública está representada por la AEAT o Agencia Estatal de Administración Tributaria.
- **Datos del vendedor:** en este apartado deben aparecer los datos de la empresa vendedora, como son el nombre, dirección postal, población, provincia y país (si procede), NIF, teléfono, fax, dirección de *e-mail,* etc. Como hemos indicado anteriormente, el NIF es uno de los datos más importantes. Gracias a la identificación de los NIF de ambas empresas, vendedora y compradora, la Administración pública puede cruzar los datos y comprobar que se ha realizado la transacción de compraventa.

Gracias a los datos del vendedor y comprador se pueden emitir las etiquetas de envío donde figurarán los datos del remitente (vendedor) y el destinatario (comprador). En ocasiones, los datos del comprador pueden no coincidir con los datos del destinatario por darse la situación de que los datos de facturación u oficina administrativa son diferentes a la oficina o lugar de entrega. Esta diferencia se debe indicar en el pedido.

- **Tipo de documento pedido:** en este documento debe aparecer la palabra pedido para identificarlo y distinguirlo del albarán o de la factura. Es importante también diferenciar entre pedido al proveedor y pedido del cliente. Por una parte, nuestra empresa, en su papel de comprador solicita pedidos a sus proveedores. Sin embargo, en su papel vendedor recibe solicitudes de clientes. De ahí la importancia de diferenciar los tipos de pedidos.

- **Número de pedido:** el documento Pedido debe ir identificado con un número para saber, en caso de incidencia, discrepancia o cualquier otra gestión, a qué transacción de compraventa se refiere.
- **Fecha:** Este dato es el día en que se ha realizado el pedido.

Datos referidos a la mercancía

Estos serían los siguientes:

- **Referencia del artículo:** generalmente, en las empresas se trabaja con una gran variedad de artículos. Para identificarlos, es normal que a cada uno se le asigne un número o referencia para saber a qué tipo de artículo se refiere. Por ejemplo, en una papelería no bastará solo con identificar el producto como Bolígrafo azul, pues es posible que haya distintos tipos de bolígrafo de tinta azul. Por eso, es fácil que lleven un código o referencia de dígitos alfanuméricos, de modo que la papelería cuente con los artículos:
  Bolígrafo BIC Cristal escritura normal azul| Ref.: 123456789
  Bolígrafo Pilot escritura normal azul | Ref.: 987654321
- **Descripción del artículo:** una breve descripción con las características del artículo para ser rápidamente reconocido.
  Como hemos indicado en el ejemplo anterior, la descripción breve del artículo sería el concepto: *Bolígrafo BIC Cristal escritura normal azul*. En esta breve descripción se puede reconocer el tipo de producto (un bolígrafo de escritura normal), la marca (BIC Cristal) y el color de la tinta (azul).
- **Cantidad:** se debe indicar en el pedido la cantidad de unidades que se solicita de cada artículo.
- **Precio/unidad:** en el pedido suele aparecer el precio base de cada unidad. Este precio es la base imponible sobre la que se calculará el IVA o impuesto sobre el valor añadido, el IGIC o impuesto general indirecto canario, u otros impuestos si procedieran.
- **Precio total o subtotal:** en esta columna aparece el precio resultante de multiplicar la cantidad de un producto por el precio base.
- **Descuentos:** en esta columna aparece el descuento que se aplica en cada producto. Puede venir en valor absoluto o en porcentaje. El descuento se resta del precio total o subtotal.
- **Impuestos:** en este apartado aparecen los impuestos que se aplicarán en la factura. En España se aplica el IVA, y el IGIC en el caso de que la empresa vendedora esté ubicada en Canarias.
  En el caso del IVA, existen cuatro tipos: el **general, el reducido, el superreducido y la exención.** Estos porcentajes varían según se aprueben las leyes por los gobiernos que estén en el poder en cada momento. De

ahí la importancia de estar actualizado en los programas informáticos para que su aplicación sea la correcta.

En cuanto al IGIC, existen seis tipos: especial, dos tipos de incrementado, general, reducido, y cero.

El IVA es el impuesto sobre el valor añadido. Se denomina así porque el consumidor final pagará un impuesto por el valor que cada empresa añade en la cadena de distribución. Desde que se extrae la materia prima hasta que llega convertido en producto, cada empresa ha realizado una modificación o mejora sobre el artículo, le ha añadido valor. Por ello, el consumidor paga un impuesto.

- **Importe total:** el importe total es el resultante de sumar las bases, restar los descuentos y sumar los impuestos. Es el total que deberá pagar el comprador.
- **Forma de transporte:** en este apartado se indicará la forma de transporte. Si va a ser aérea, ferroviaria o por carretera. También se puede indicar si el transporte va a realizarse por la propia empresa o por una empresa transportista externa.
- **Condiciones de pago:** se indicará la forma y los plazos de pago. Esta indicación también es importante en los casos en los que se exige prepago al comprador porque, de lo contrario, no se le servirá la mercancía. Si este requisito no viene especificado, se podría dar la situación de que el comprador esté esperando recibir la mercancía, mientras que el vendedor está esperando recibir el pago y no prepara el pedido. Esto crea demora en el tiempo de entrega, además de otras posibles incidencias. De ahí la importancia de que aparezca indicado. Lo más habitual es que haya un contrato de compraventa o convenio firmado previamente con todas estas condiciones. Teniendo en cuenta que se trabaja con distintos proveedores y distintos clientes, es difícil memorizar las condiciones de cada uno. Gracias a los programas informáticos de gestión, estas condiciones se pueden rellenar en las fichas de clientes y de proveedores, de modo que aparezcan en las hojas de pedidos y resto de documentación.
- **Fecha prevista de envío:** este dato también deberá aparecer para conocer y confirmar cuál va a ser la fecha de envío y poder prever la fecha de recepción de la mercancía. En la actualidad, muchas empresas de

transporte permiten hacer el seguimiento de la mercancía por internet, gracias al número de pedido, de modo que el comprador compruebe si su mercancía ha salido del almacén, está en camino o en qué fase del transporte se encuentra.

A continuación, se muestra un ejemplo de Pedido a proveedor con todos y cada uno de los apartados obligatorios de manera bien diferenciada; los datos del comprador, del vendedor, el concepto "Pedido", su número y la fecha de emisión. Por otra parte, también podemos ver los datos referidos al *stock* en distintos apartados, como Artículo, Descripción, Cantidad, Precio/unidad, Subtotal, Descuentos, Total, Impuestos e Importe total del pedido. En el apartado Observaciones se puede aportar información como la forma del transporte, la forma o condiciones de pago y la fecha prevista de envío.

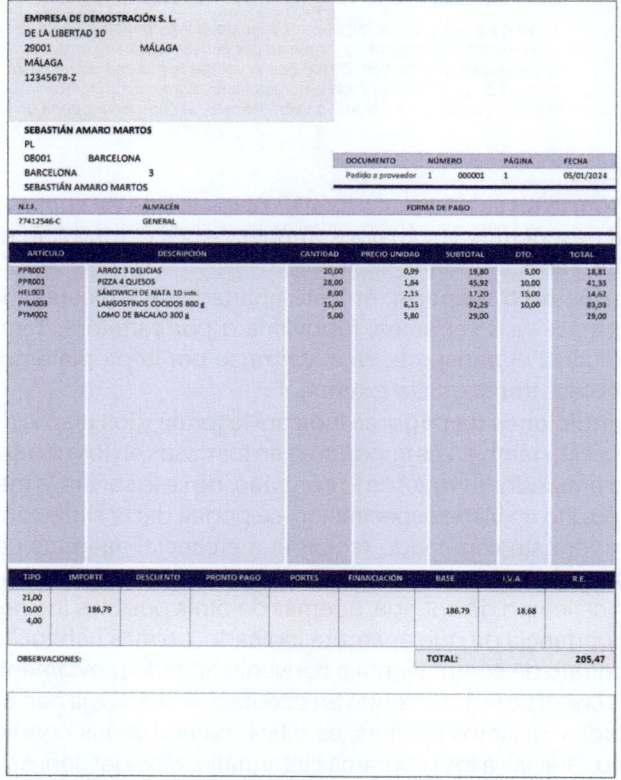

En general, cuantos más datos se rellenen a la hora de formular el pedido, más fácil será rellenar el resto de documentos. Como ya hemos comentado, los sistemas informáticos de gestión actuales permiten la opción de convertir el pedido en albarán y el albarán en factura para no tener que estar introduciendo datos nuevamente. De ahí la importancia de que se rellenen la mayoría de datos desde el inicio del proceso.

TAREA 3

En el siguiente pedido, localiza los siguientes datos:

1. Nombre del cliente
2. Fecha del pedido
3. Número de referencia del producto "Ambientador eléctrico manzana"
4. Precio base total del pedido
5. Importe total del pedido
6. Porcentaje aplicado del IVA

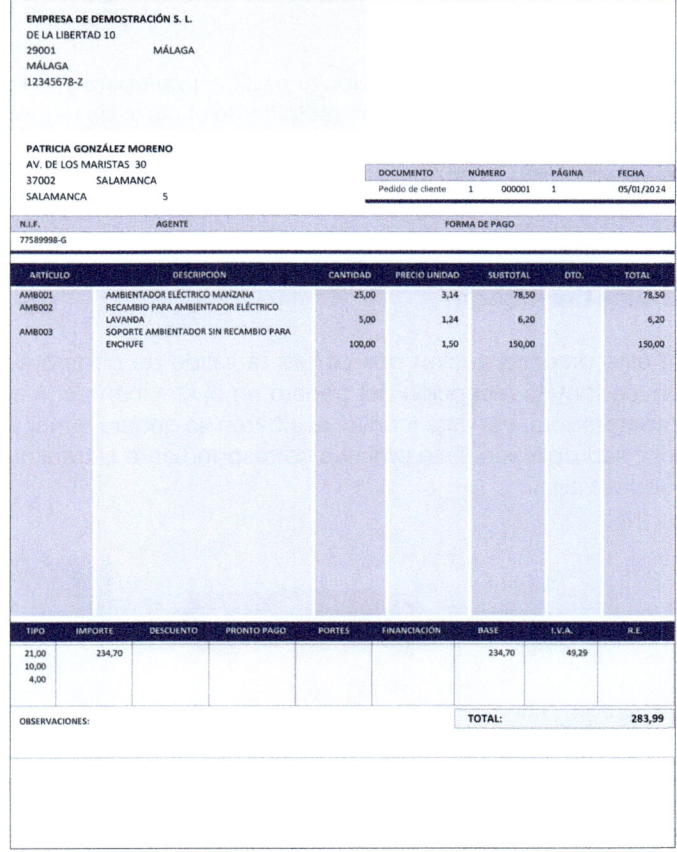

Pedido a proveedor

3. Recepción de mercancías

Pablo, el gerente de Alidroju S. L., ha decidido formar a su personal de almacén acerca de la recepción de las mercancías cuando llegan al almacén los pedidos que han hecho a los proveedores. Deben firmar y sellar los justificantes de entrega, comprobar la mercancía recibida con los pedidos realizados y, posteriormente, darle entrada en el programa de gestión y colocarla en el almacén. Pablo ha inscrito a esos trabajadores y a él mismo en un curso para adquirir dichos conocimientos.

Una vez que el proveedor recibe el pedido, lo prepara y se lo envía a la empresa compradora, que espera recibirlo en el plazo de tiempo acordado.

En este proceso es donde interviene el siguiente documento: **el albarán.**

3.1. Copias del albarán

En este proceso existen dos partes: la salida de género del almacén del proveedor y la recepción del género en el almacén de la empresa cliente o compradora. Por este motivo, el albarán se deberá emitir y cumplimentar por cuadruplicado. Este proceso correspondiente al transporte del pedido quedaría así:

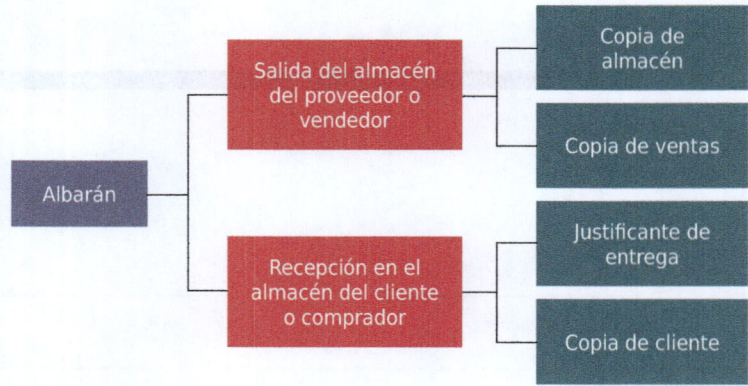

Salida del almacén del proveedor o vendedor

Las copias del albarán son las siguientes:

➲ **Copia de almacén: c**uando la mercancía sale del almacén del proveedor o vendedor, debe constar en una copia, que guardará este departamento para dar constancia del *stock* que sale del almacén y a quién se le ha vendido dicha mercancía, por qué importe, etc. Es decir, se hace constar a qué transacción de compraventa corresponde ese género que sale del almacén.

Almacén es un departamento que se encarga de recibir mercancías, colocarlas, apilarlas y distribuirlas en el espacio del almacén, darles entrada en el sistema informático, preparar los pedidos, dar salida al producto del almacén y del programa de gestión. Mientras que el departamento de ventas se encarga de todas aquellas acciones directamente relacionadas con el cliente o comprador.

➲ **Copias de ventas:** dependiendo del tipo de empresa, aunque no se trate de una tienda física y simplemente se trate de un almacén, habría que dar paso de ese *stock* a la tienda o departamento de ventas, que será quien tenga trato con el comprador o cliente. Este departamento es quien se encarga de atender los pedidos que recibe, sea vía telefónica, vía *e-mail* o vía página web. Serán quienes estén pendientes de cobrar el dinero del pago del cliente, etc. Por tanto, este departamento también se queda con una copia para que conste que se ha preparado el pedido, se le ha dado salida del almacén y se le ha entregado al transportista interno o externo de la empresa vendedora.

Recepción en el almacén del cliente o comprador

Los documentos a emplear son los siguientes:

- **Justificante de entrega:** el transportista lleva la mercancía a la empresa compradora. Una vez allí, entrega el *stock* junto con un justificante de entrega que debe firmar el cliente o comprador conforme a que se le ha entregado el género. Este justificante puede ser único si el transportista es interno de la empresa vendedora, ya que a su regreso lo entregará al departamento de ventas para que conste que se le ha entregado la mercancía al comprador. En el caso de que la empresa transportista sea externa a la empresa proveedora o vendedora, este justificante se hará por duplicado, de manera que una copia se la queda la empresa transportista como justificante de haber realizado el servicio, y otra copia irá para la empresa vendedora o proveedora.

El transportista puede ser propio o externo a la empresa vendedora. Si se trata de un transportista propio, el justificante de entrega firmado por el cliente será devuelto a la empresa. Si es un servicio externo, una copia será entregada a la empresa vendedora y otra a la empresa transportista.

- **Copia de cliente:** cuando al cliente se le entrega el *stock* solicitado, se le entrega una copia del albarán para que pueda comprobar que el material que solicitó se ajusta a lo realmente recibido y asignar dicho albarán a la transacción de compraventa.

3.2. Contenido del albarán

El contenido del albarán es muy parecido al del pedido. Los tipos de datos que debe contener son:

- **Datos del comprador:** los datos que deben aparecer en este apartado son el nombre de la empresa compradora, dirección postal, población, provincia y país (si procede), NIF, teléfono, fax, dirección de *e-mail,* etc. El NIF es el dato más importante, ya que es el número de identificación fiscal que va a aparecer en el resto de documentación, incluidas las facturas, y es como la Hacienda pública o AEAT identifica a las empresas.
- **Datos del vendedor:** en este apartado deben aparecer los datos de la empresa vendedora, como son el nombre, dirección postal, población, provincia y país (si procede), NIF, teléfono, fax, dirección de *e-mail,* etc. Como hemos indicado anteriormente, el NIF es uno de los datos más importantes. Gracias a la identificación de los NIF de ambas empresas, vendedora y compradora, la Administración pública puede cruzar los datos y comprobar que se ha realizado la transacción de compraventa.
- **Tipo de documento: albarán o nota de entrega:** en este documento debe aparecer la palabra *albarán o nota de entrega* para identificarlo y distinguirlo del pedido o de la factura.
- **Número de albarán:** el documento Albarán debe ir identificado con un número para saber, en caso de incidencia, discrepancia o cualquier otra gestión, a qué transacción de compraventa se refiere.
- **Fecha:** este dato es el día en que se ha realizado el albarán.
- **Contenido detallado del pedido:** deben aparecer los datos del pedido, como son los productos solicitados, las cantidades de estos, precios bases, impuestos, etc. Ya dijimos que, gracias a los programas de gestión, el pedido lo podemos convertir a albarán, añadiendo los datos que faltasen.
- **Medio de transporte:** en el albarán se debe indicar en qué medio de transporte se va a realizar el desplazamiento de las mercancías y el nombre de la empresa transportista, si es externa y procede.

 IMPORTANTE

Es vital que el albarán sea firmado por la empresa receptora para que conste que, efectivamente, se le ha entregado la mercancía y está conforme con esta.

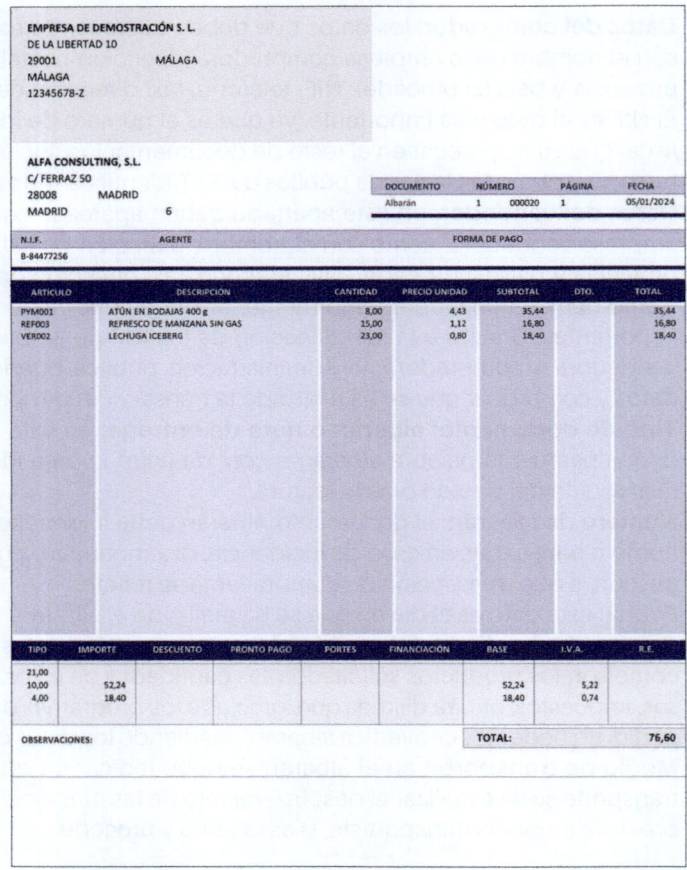

ARTÍCULO	DESCRIPCIÓN	CANTIDAD	PRECIO UNIDAD	SUBTOTAL	DTO.	TOTAL
PYM001	ATÚN EN RODAJAS 400 g	8,00	4,43	35,44		35,44
REF003	REFRESCO DE MANZANA SIN GAS	15,00	1,12	16,80		16,80
VER002	LECHUGA ICEBERG	23,00	0,80	18,40		18,40

TIPO	IMPORTE	DESCUENTO	PRONTO PAGO	PORTES	FINANCIACIÓN	BASE	I.V.A.	R.E.
21,00								
10,00	52,24					52,24	5,22	
4,00	18,40					18,40	0,74	

Empresa de demostración S. L. / De la Libertad 10 / 29001 MÁLAGA / MÁLAGA / 12345678-Z

ALFA CONSULTING, S.L. / C/ FERRAZ 50 / 28008 MADRID / MADRID 6

DOCUMENTO	NÚMERO	PÁGINA	FECHA
Albarán	1 000020	1	05/01/2024

N.I.F. B-84477256 — AGENTE — FORMA DE PAGO

OBSERVACIONES:

TOTAL: 76,60

En el documento se puede apreciar que, en el caso del programa Factusol, las diferencias entre el albarán y el pedido son la palabra "Albarán" en el tipo de documento, la fecha actualizada en la que se realiza el albarán y el número de albarán. El resto de datos son los mismos que aparecerían en el pedido original.

 ## ACTIVIDAD COMPLEMENTARIA

3. Visualiza el vídeo titulado "¿Cómo optimizar la expedición de mercancías? Mecalux", e indica cómo gestionan la salida de mercancías del almacén. Para acceder al vídeo puedes hacerlo desde aquí:

¿Cómo Optimizar la Expedición de Mercancías?

Continúa en página siguiente >>

<< Viene de página anterior

https://redirectoronline.com/coml011po0301

4. Resumen

Los tres documentos principales que encontramos en el proceso de compraventa o ciclo comercial son:

Gracias a los programas de gestión actuales, el pedido se convertirá en albarán y el albarán en factura. Por eso, es importante cumplimentar la mayoría de datos desde el inicio del proceso, para luego arrastrarlos en el resto de operaciones.

Es importante diferenciar cuándo la empresa está haciendo el papel de comprador y cuándo el de vendedor. Los documentos pueden ser parecidos, pero no deben confundirse.

El pedido se puede realizar por las siguientes vías:

El pedido tiene que contener varios datos. Unos datos son los que se refieren al documento en concreto:

Otros datos son más específicos o relacionados con el *stock* o la mercancía que es objeto de la transacción de compraventa:

Una vez que el comprador realiza el pedido, queda en manos del proveedor o vendedor transportar las mercancías hasta el almacén o lugar acordado. Aquí es donde se expide el albarán, que deberá emitirse con cuatro copias, teniendo en cuenta que el proveedor debe constatar la salida de mercancías de su empresa, y el comprador debe constatar la llegada y recepción de estas en su almacén.

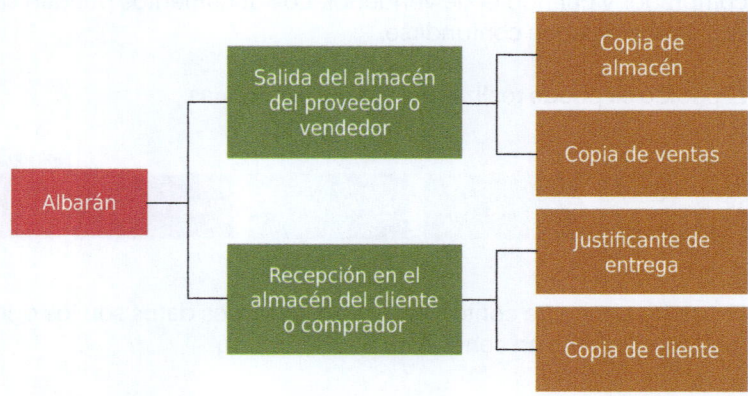

Los datos del albarán son muy parecidos a los del pedido. Sin olvidar que el albarán debe quedar sellado y firmado por la empresa receptora de las mercancías.

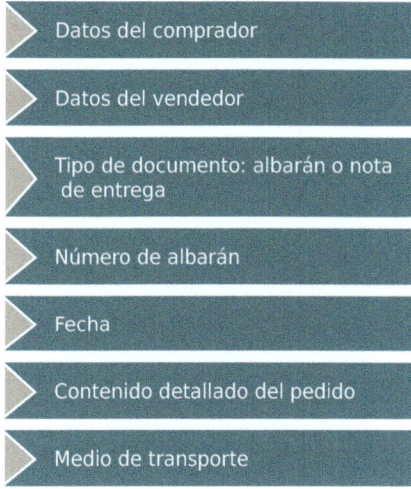

Datos del comprador

Datos del vendedor

Tipo de documento: albarán o nota de entrega

Número de albarán

Fecha

Contenido detallado del pedido

Medio de transporte

Ejercicios de autoevaluación
Unidad de Aprendizaje 3

1. **¿Qué documento acredita una transacción de compraventa y obliga a su pago por parte del comprador?**

   a. Pedido del cliente.
   b. Pedido a proveedor.
   c. Albarán.
   d. Factura.

2. **¿Cuál de las siguientes vías es la menos recomendada para realizar un pedido?**

   a. Verbal.
   b. *E-mail.*
   c. Web internet.
   d. Web intranet.

3. **Relaciona los siguientes tipos de datos con los conceptos:**

   a. Datos del comprador.
   b. Datos del vendedor.
   c. Tipo de documento
   d. Número de pedido.
   e. Fecha.

   __ 1452789/20XX.
   __ 14/03/20XX.
   __ Datos del cliente.
   __ Pedido.
   __ Datos del proveedor.

4. **Indica si las siguientes afirmaciones son verdaderas o falsas:**

   a. Una empresa puede elegir libremente entre aplicar el IVA o el IGIC.

   ■ Verdadero
   ■ Falso

b. El precio/unidad se refiere al precio que tiene cada artículo cuando se realiza la compra.

- Verdadero
- Falso

c. No es necesario incluir o indicar los impuestos, ya que estos se pagarán a la Hacienda pública en la liquidación trimestral del IVA.

- Verdadero
- Falso

5. Respecto al albarán, debe presentarse en el siguiente número mínimo de copias:

a. Una única copia.
b. Una copia para el vendedor y otra para el comprador.
c. Una copia para el vendedor, otra para el comprador y otra para el transportista.
d. Una copia para almacén, otra para ventas, otra para el transportista y otra para el comprador.

6. Ordena el siguiente proceso:

- El transportista lleva y entrega el pedido.
- El comprador recepciona el pedido.
- El comprador realiza el pedido.
- El vendedor prepara el pedido.

7. Ordena el siguiente proceso habitual en el sistema de gestión:

- Emisión de factura.
- Emisión de pedido.
- Emisión de albarán.

8. Indica si las siguientes afirmaciones son verdaderas o falsas:

    a. La nota de entrega y el albarán es el mismo tipo de documento.

- ◼ Verdadero
- ◼ Falso

    b. La fecha del pedido y la fecha del albarán debe ser la misma.

- ◼ Verdadero
- ◼ Falso

    c. Los pedidos no van numerados porque el número se les asignará en el albarán.

- ◼ Verdadero
- ◼ Falso

9. Indica si las siguientes afirmaciones sobre los sistemas de gestión son verdaderas o falsas:

    a. Los sistemas de gestión diferencian la actividad de compra de la actividad de venta.

- ◼ Verdadero
- ◼ Falso

    b. Gracias a los sistemas de gestión se puede transformar un pedido en albarán y el albarán en factura.

- ◼ Verdadero
- ◼ Falso

    c. Gracias a los sistemas de gestión podemos dar de alta y de baja los productos en nuestro almacén.

- ◼ Verdadero
- ◼ Falso

10. En una transacción de compraventa:

    a. El comprador es el proveedor.
    b. El comprador es el suministrador.

c. El comprador es el fabricante.
d. El comprador es el cliente.

Facturación

Contenido

Objetivos

El objetivo general de esta Unidad de Aprendizaje es:

→ Examinar el proceso de facturación en la empresa.

Los objetivos específicos de esta Unidad de Aprendizaje son:

→ Diferenciar los tipos de clientes según el criterio de facturación.

→ Identificar la documentación que acredita las operaciones de la actividad de la empresa.

→ Reconocer los datos que deben aparecer en la factura.

→ Describir las formas en las que debe aparecer el desglose del IVA en la factura.

→ Enumerar y calcular los diferentes tipos de IVA.

→ Distinguir otros impuestos que debe pagar la empresa.

→ Especificar otros documentos necesarios para reflejar el estado financiero de la empresa y ligados a la contabilidad general.

→ Explicar la obligación de la factura electrónica o telemática y la obligación de conservar las facturas electrónicas.

1. Introducción

El objetivo básico y principal de cualquier empresa es obtener beneficios. Para ello, es necesario vender productos o servicios con el fin de ingresar dinero: facturar.

Por eso, todo lo que se vende o todo lo que la empresa factura debe quedar reflejado en sistemas informáticos que originan documentos gracias a los registros que permitan llevar el control de la entrada y salida de dinero.

Continuaremos centrados en el ejemplo de Alidroju S. L., el hipermercado que vende alimentación, droguería y juguetería situado dentro de una pequeña ciudad de unos 50.000 habitantes. Pablo es el gerente. Suministra al público en general y a unos ultramarinos de pueblos pequeños y cercanos.

2. Introducción a la facturación

 HILO CONDUCTOR

Pablo, el gerente de Alidroju S. L., se ha percatado de que, en algunas ocasiones, hay descuadres al hacer el arqueo de caja nocturno. Al tratarse de clientes no nominativos, no pueden llamarlos cuando detectan algún error. Pablo ha decidido que tiene que aprender más sobre el concepto y proceso de facturación para implantar políticas de facturación en su empresa.

- -

La **facturación** es la cantidad de dinero que una empresa ingresa debido a las operaciones propias de su actividad. En las empresas industriales son actividades de fabricación y producción, en las empresas comerciales son actividades de compraventa y en las empresas de servicios son actividades de venta de servicios.

IMPORTANTE

Estas operaciones deben quedar registradas en diferentes documentos para que la Administración pública pueda controlar la economía de las empresas y saber si la declaración de los distintos impuestos es correcta o no.

La emisión de documentos y el registro de datos son procesos rápidos y fáciles gracias a la tecnología actual. Casi todas las tareas quedan registradas, en el momento de realizarlas, en un sistema de gestión o *software.* Por tanto, la actividad diaria de la empresa queda registrada. Desde la entrada o salida de mercancía en almacén, así como la compra a proveedores, hasta la venta a clientes. De este modo, se pueden registrar los movimientos de salida o entrada de dinero en caja o en banco, lo que permite llevar un mayor control de la facturación.

3. Obligación de documentación de las operaciones

☞ HILO CONDUCTOR

En Alidroju S. L., suelen pasar los productos por la cinta transportadora, el lector de códigos de barras y cobrar a los clientes. Algunos clientes quieren factura para presentarla a los responsables del pago. Por otra parte, los ultramarinos de los pueblos pequeños a quienes suministra productos también necesitan factura como justificante de la transacción de compraventa entre empresas. Pablo necesita conocer más en profundidad acerca de los documentos que precisa expedir para acreditar las operaciones habituales a las que se dedica su hipermercado.

Todas las operaciones propias de la actividad de una empresa deben quedar reflejadas en diferentes documentos. Desde un simple tique que se entrega a los clientes al realizar una compra hasta los libros contables que exige la contabilidad general.

Las empresas pueden tener diferentes tipos de clientes:

⊃ **Clientes empresa:** cuando se realiza una transacción económica con empresas compradoras, es obligatoria la expedición de facturas para realizar los cobros. Por tanto, es necesaria la obtención de datos de la empresa cliente.

⊃ **Clientes individuales con registro:** algunas empresas, debido al tipo de producto o servicio que comercializan, deben obtener datos del cliente individual que lo adquiere.

Los ejemplos más habituales de este tipo de productos o servicios a clientes individuales de quienes se necesitan datos son agencias inmobiliarias que venden pisos, agencias de viajes que reservan alojamientos o servicios de transporte, concesionarios de vehículos, etc.

En este tipo de actividades se puede generar otra documentación, como contratos de compraventa, contratos de viajes combinados, etc., además de la factura.

⊃ **Clientes individuales sin registro:** otras empresas, debido al tipo de producto o servicio que venden, no deben obtener ningún dato del cliente individual que lo adquiere.

Los ejemplos más habituales de este tipo de productos o servicios a clientes individuales de quienes NO se necesitan datos son despachos de pan, quioscos de golosinas, tiendas de ropa, peluquerías, etc.

Al no solicitar ningún dato del cliente individual, no se suele expedir una factura, salvo si el cliente lo solicita de manera expresa. Lo que se le entrega al cliente como justificante del pago de la transacción es un tique de caja. Si el cliente necesita hacer posteriormente una devolución o cambio de artículo, el tique será el comprobante de que el cliente realizó esa compra. Es cierto que en el tique se muestra la forma de pago y, en el caso de las tarjetas de crédito o débito, aparece el nombre del titular de dicha tarjeta. Sin embargo, no aparecen otros datos como el DNI.

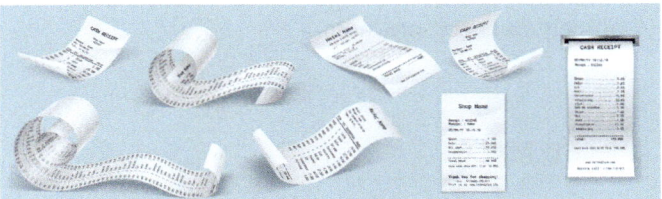

Los tiques, recibos o justificantes de compra no muestran datos personales del cliente porque previamente no se les ha solicitado ningún dato para que puedan realizar la compra.

Por tanto, la documentación que acredita las operaciones derivadas de la actividad de una empresa son:

◌ **Contrato de compraventa:** es un contrato que se celebra entre dos partes; vendedor y comprador. En este documento se acuerda que el vendedor entregará un bien, artículo o servicio al comprador a cambio de una remuneración, generalmente monetaria. Es decir, va a ceder la propiedad de dicho bien al comprador, que se convertirá en titular propietario de dicho bien. También se puede vender un servicio. En este caso, el vendedor está cediendo el derecho del disfrute de ese servicio al comprador, a cambio de una remuneración dineraria, generalmente.

En el caso de la venta de mercancías entre las empresas, es necesario especificar en los contratos de compraventa quién se hará cargo de los gastos y de la seguridad desde que el género sale del almacén del vendedor hasta que se entrega en el almacén del comprador, pasando en ese momento a ser el propietario y custodio de dicha mercancía para su venta. Esto viene regulado por las cláusulas Incoterms, que deberán aparecer expresas en el contrato de compraventa.

◌ **Factura:** es el tercer documento que se genera en el proceso de compraventa o del ciclo comercial, después del pedido y del albarán.

Si el pedido acreditaba el hecho de haber solicitado unas mercancías, y el albarán acreditaba el hecho de haber sido entregadas, la factura acredita la obligación de pago del comprador al vendedor. ¡Ojo!, acredita la obligación de pagar, no el pago. El pago se acreditará con una transferencia bancaria, un ingreso en cuenta o sea cual sea el método de pago que se utilice.

De hecho, se puede emitir hoy una factura para ser pagada a 60 días.

Cada empresa tiene su propio modelo de factura, ya que también dependerá de su sistema de gestión. Sin embargo, hay unos datos mínimos que deben aparecer en la factura.

◌ **Tique, recibo o justificante de compra:** es un documento que se genera cuando se realiza la compra, en la mayoría de los casos, a clientes finales de quienes no necesitamos datos. El vendedor reconoce con este tique, recibo o justificante que ha recibido una cantidad de dinero del comprador. Esa cantidad puede ser total o parcial del importe correspondiente a la compraventa.

◉ **EJEMPLO**

Pedro compra una lavadora en una tienda de electrodomésticos. El importe total de esta es de 580 €. Sin embargo, la tienda no tiene dicha lavadora en *stock* y deben pedirla al proveedor. Para realizar este pedido, le solicitan a Pedro un importe en concepto de señal de 300 €. Cuando reciban la lavadora, Pedro pa-

Continúa en página siguiente >>

<< Viene de página anterior

gará el importe restante de 280 €. El día que Pedro entrega la señal de 300 €, en la tienda le entregan un tique donde aparece el importe entregado (300 €), el importe pendiente (280 €) y el importe total (580 €).

En el tique de compra aparecen datos como los datos de la empresa, fecha y hora del tique, cantidad, descripción y precio de los artículos, importe total a abonar, forma de pago y un resumen de factura simplificada donde aparece la base imponible, el tipo de IVA aplicado y el importe total.

Al comprador se le entrega una copia, y la empresa se queda con otra. Debes tener en cuenta que, en la actualidad, la mayoría de estas copias no se imprimen en papel, sino que quedan registradas dentro del programa de gestión.

Equivale a los recibos de papel que van en forma de talonarios en los que hay dos partes; una matriz, que se queda como copia el vendedor en el propio talonario, y el recibo que se entrega al comprador. Este tipo de recibos están quedando obsoletos. Sin embargo, son utilizados por particulares cuando las ventas de bienes o servicios no son habituales o no son propias de una actividad empresarial.

◎ EJEMPLO

María tiene alquilado un piso de cuatro dormitorios a cuatro estudiantes. El servicio de alquiler mensual asciende a 600 €. Cada estudiante paga 150 €/mes. El día 1 de cada mes, cada inquilino aporta su parte y, cuando tienen el total, llaman a María, que se acerca al piso a por el dinero. Ella les da un recibo para que conste que, efectivamente, le han entregado el dinero.

En la foto vemos un modelo de talonario de recibos en papel. En este caso, se aprecia cómo consta de un original de color blanco y una copia de calco en color amarillo. Los recibos están numerados de forma correlativa, y aparecen campos por rellenar como la fecha, nombre del cliente, cantidad numérica y en letra, el concepto del pago, cantidad total, cantidad pagada y cantidad pendiente, la forma del pago y la firma del vendedor que recibe el dinero.

Los tiques **no son nominativos y van al portador.** Esto significa que, en caso de cambio o devolución del artículo, sobre todo si la forma de pago es en efectivo, se podrá realizar sin ninguna objeción siempre que la persona presente el artículo en cuestión y el tique de compra.

Al final del día o del turno, se realizará un cierre de caja donde se extraerá un resumen de los movimientos de las operaciones que se han realizado en el día o en el turno. Se contará el dinero en efectivo, los cobros que se han realizado con tarjetas bancarias u otros métodos de pago admitidos por la empresa, y se comprobará que todo cuadra. Este resumen de movimientos es el registro o copia que se queda la empresa. Estas cajas (sus resúmenes o informes) acreditan lo que la empresa ha facturado en ese día. El dinero en efectivo deberá ser ingresado en una cuenta bancaria. Estos movimientos de salida de caja en efectivo y entrada en banco o viceversa deberán contabilizarse mediante la contabilidad general.

3.1. Datos que deben figurar en una factura

Como ya hemos dicho, la factura es el documento que acredita la realización de una transacción de compraventa y la obligación de pago del comprador hacia el vendedor.

Los datos imprescindibles que no pueden faltar en la factura son:

- **Tipo de documento: factura:** en este documento debe aparecer la palabra *factura* para diferenciarlo de otros documentos como el pedido y el albarán.
- **Número de factura:** todas las facturas deben ir numeradas de manera correlativa. Dicho número puede contener una serie u otros criterios si procede. Por ejemplo:
  Número de factura: 125.478/002/2023. En este caso, podemos deducir que el número de factura es el 125.478, correspondiente a la sucursal, oficina o punto de venta 002 y al año 2023.
  Nunca puede faltar ningún número de factura. Pueden estar facturadas por importe negativo en el caso de facturas rectificativas, es decir, que corrigen a otras facturas anteriores (por devoluciones de productos o devoluciones de envases). En el caso de que se haya olvidado, saltado o duplicado por error, o cualquier otra incidencia, deberá estar facturada a cero. Todas las facturas deben estar facturadas de manera correlativa.
- **Datos del vendedor y del comprador:** los datos de ambas partes deben ser su nombre y apellidos si se trata de personas físicas o su denominación social si se trata de personas jurídicas, el número de NIF, el domicilio. Se pueden añadir otros datos complementarios, como número de teléfono, fax, *e-mail,* etc.
- **Lugar y fecha de emisión:** el lugar y la fecha en la que se emite la factura. El lugar suele coincidir con los datos de la ubicación del vendedor, aunque no siempre es así. Por ejemplo, una tienda ubicada en Albacete ha hecho una venta, pero el lugar de la factura es Madrid, donde tienen sus oficinas centrales y, en concreto, el Departamento Administrativo y de Facturación.
- **Descripción de la operación o causa de la transacción:** cantidad de unidades, descripción de los artículos, modelos, referencias, importes unitarios, etc. Se puede indicar de qué albarán procede dicha factura dentro del proceso de transacción de compraventa.
- **Importe total de la operación:** debe aparecer el importe total de la transacción de compraventa indicando el desglose de IVA. Esto puede ser de dos maneras:

  - Importe total indicando "IVA incluido".
  - Importe total indicando la base imponible y el % de IVA a aplicar.

4. Obligación de documentación de las operaciones a los efectos del impuesto sobre el valor añadido

☞ HILO CONDUCTOR

Los productos que venden en Alidroju S. L. son muy variados, ya que tienen sección de alimentación, droguería y juguetería. A su vez, en cada sección hay una gran variedad de artículos. Es por este motivo que los tipos de IVA que aplicar en los productos son diferentes. Pablo, el gerente, desea saber más acerca de este impuesto para aplicarlo de manera correcta a cada artículo.

- -

El IVA es un impuesto sobre el valor añadido, es decir, sobre el valor que se le añade al producto mientras va pasando de unas empresas a otras y lo van mejorando o añadiendo valor hasta que llega al consumidor final. También se paga en las compraventas que se producen a nivel de importación y adquisición intracomunitaria.

En todas las facturas debe aparecer el desglose del IVA. Este desglose se puede presentar en diferentes formas:

- ⊃ **Importe IVA incluido:** esta aclaración se efectúa normalmente cuando se vende un solo artículo y, por tanto, se sabe qué tipo de IVA es el que se ha calculado. O cuando a todos los artículos se les aplica el mismo tipo de IVA. En este caso, para facilitar el cálculo es recomendable indicar el porcentaje. Por ejemplo:
  Importe total: 380 € IVA 21 % incluido. Esto significa que la base imponible es 314,05 €.
  Este cálculo lo obtenemos de la regla de tres diciendo:
  Si 380 € es el 121 %.
  Entonces X es el 100 %.
  Por lo que X = (380 * 100) / 121.
  O lo que es lo mismo: 380 / 1,21.
- ⊃ **Importe + % IVA:** En este caso se escriben ambos importes de manera separada. Por ejemplo:
  Importe 200 € + IVA 21 % 42 € = Importe total 242 €.

Los porcentajes o tipos de IVA que podemos encontrar son:

● **Excención:** algunas actividades están exentas de IVA. En esos casos, se debería especificar en la factura el motivo de por qué esa factura está exenta de IVA. Por ejemplo:
IVA EXENTO según establece la Ley 37/1992, artículo 20.1-26.º.
Puedes buscar el artículo 20 del ejemplo anterior y ver las actividades que están exentas de IVA, accediendo desde aquí:

https://redirectoronline.com/gsvx2

● **Tipo superreducido:** el tipo superreducido está en el **4 %.** Se aplica a alimentos básicos de primera necesidad: pan, leche, harina, etc., libros, revistas, periódicos, vehículos y servicio de adaptación de vehículos para personas con movilidad reducida, prótesis para personas con discapacidad, etc.

● **Tipo reducido:** el tipo reducido está en el **10 %.** Se aplica a productos de alimentación humana y animal (excepto bebidas alcohólicas y refrescos), productos farmacéuticos y veterinarios que no sean cosméticos o de higiene, bienes utilizados en agricultura y ganadería (salvo flores ornamentales), hostelería (salvo servicios mixtos de hostelería), espectáculos, discotecas, salas de fiesta, barbacoas..., transporte de viajeros, espectáculos deportivos para aficionados, etc.

● **Tipo general:** el tipo general está en el **21 %.** Se aplica a todo aquello en los que no se aplica el 4 % ni el 10 % ni está exento. Cabe indicar que los vehículos, aeronaves y embarcaciones de recreo deben pagar además un impuesto de matriculación.

La Agencia Tributaria es la encargada de recaudar el IVA que paga el consumidor final. Para ello, utiliza un sistema de intermediación recaudadora a través de las empresas que, declarando la diferencia entre el IVA cobrado a los clientes y el IVA pagado a proveedores, liquida con Hacienda según el resultado sea a pagar o a devolver, mediante un sistema de compensación. Es decir, los pagos y las devoluciones se compensan en cada liquidación trimestral.
Fuente: Cromavision / Shutterstock.com

Se puede dar el caso de que en una factura aparezcan diferentes tipos de IVA que aplicar, por lo que deberá aparecer desglosada cada base imponible con su correspondiente porcentaje de IVA.

El IVA no es el mismo porcentaje en todos los países de la Unión Europea.

Por ejemplo, el tipo general en España es del 21 %, mientras que en Alemania es del 19 %.

PARA SABER MÁS

Puedes ver una comparativa de los distintos tipos de IVA aplicados en los diferentes países de la Unión Europea, accediendo desde aquí:

https://redirectoronline.com/coml011po0401

Aunque la ley vigente del IVA es la Ley 37/1992, de 28 de diciembre, del Impuesto sobre el Valor Añadido, hay que señalar que ha sufrido varias modificaciones desde entonces, por lo que hay que estar muy atento a los posibles cambios que se pueden producir.

La pandemia de la COVID-19 en 2020 y la actual guerra de Rusia-Ucrania han provocado la subida de la inflación y constantes modificaciones del IVA en diferentes productos. Algunas de estas modificaciones han sido temporales, y se ha recuperado el IVA original una vez transcurrido ese tiempo.

 **PARA SABER MÁS**

Puedes leer una nota de prensa en la que se afirma que el Gobierno de España "ha reducido el IVA de los alimentos frescos o de primera necesidad durante el primer semestre del año para paliar la subida de los precios causada por la guerra de Ucrania", accediendo desde aquí:

https://redirectoronline.com/coml011po0405

También puedes consultar la Ley del Impuesto sobre el Valor Añadido anteriormente mencionada, accediendo desde aquí:

https://redirectoronline.com/coml011po0402

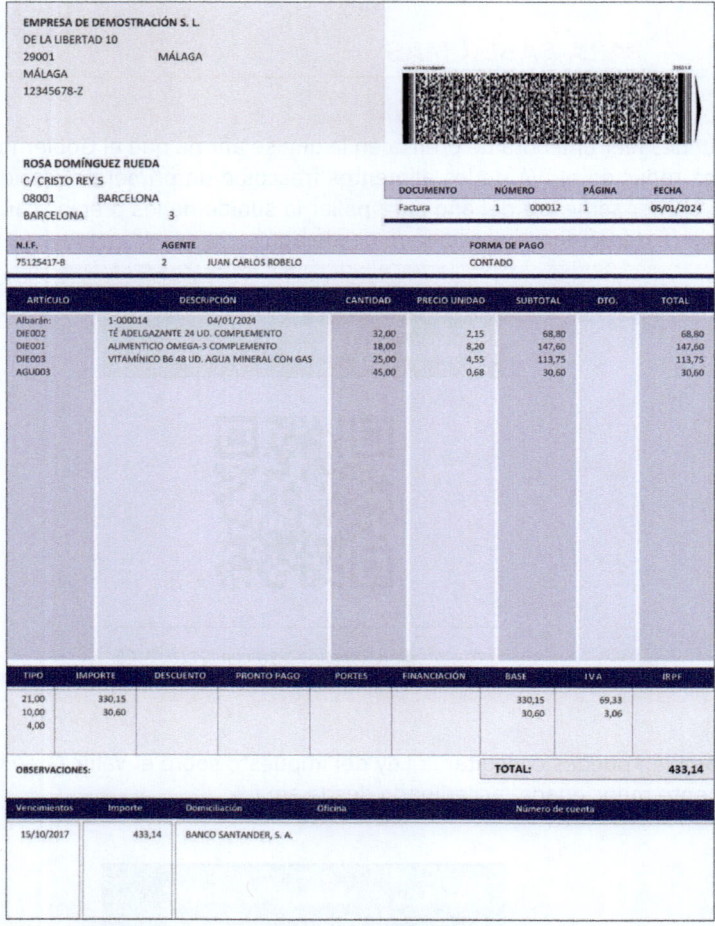

En el modelo de factura se ven los diferentes tipos de datos, como el tipo de documento (factura), el número, la fecha de expedición, las referencias de los artículos, las descripciones, los precios unitarios y los subtotales. En la parte inferior, vemos desglosadas dos bases imponibles. A una se le aplica el 21 % de IVA (general) y a la otra el 10 % (reducido). Si observas bien esta factura, en la primera línea de los artículos aparece el número y fecha de albarán que intervino en este proceso de compraventa.

 **TAREA 4**

Almudena ha realizado una factura. Las bases imponibles y los tipos de IVA correspondientes son los siguientes:

Continúa en página siguiente >>

<< Viene de página anterior

Base imponible	IVA %	Importes
320,00	Exento	
418,25	4 %	
587,40	10 %	
985,45	21 %	

Calcula el importe total de la factura.

- -

Cada trimestre se debe realizar la **liquidación trimestral del IVA.** Las empresas deberán presentar el **modelo 303** al finalizar cada trimestre para presentar la liquidación trimestral del IVA ante Hacienda. En realidad, consiste en un pago fraccionado. Las empresas pagan la diferencia entre el **IVA devengado o repercutido** (el que cobran a los clientes en las facturas de ventas) y el **IVA deducible o soportado** (el que pagan a proveedores en las facturas de compras). Si sale a pagar, la empresa deberá pagar el IVA que corresponda. Si sale a devolver, se restará en el próximo trimestre que salga a pagar. Solo podrá recibir el dinero como devolución de Hacienda si la empresa cesa su actividad.

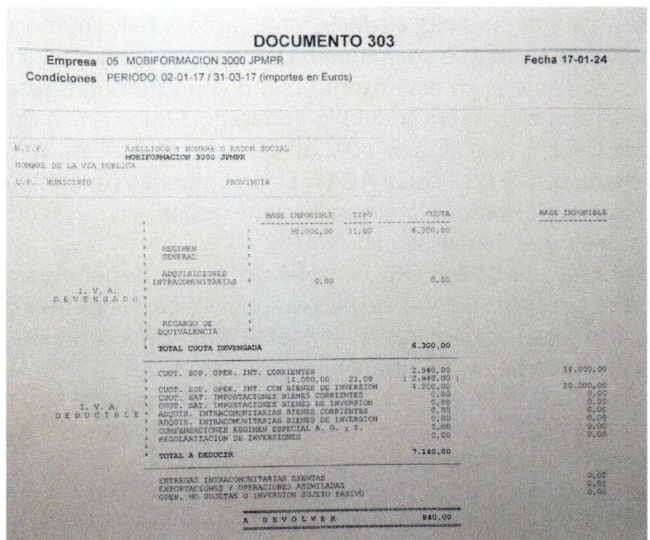

En el modelo 303 podemos ver que el IVA cobrado por la empresa a sus clientes (IVA devengado) es menor que el IVA pagado a proveedores (IVA deducible), de ahí que el resultado obtenido sea la devolución. En realidad, Hacienda no realiza un ingreso en cuenta, sino que este resultado se tendrá en cuenta para el próximo trimestre, de manera que se restará si el resultado sale a pagar.

No debemos olvidar que las empresas son simples intermediarias o recaudadoras de IVA que posteriormente liquidan con Hacienda. El impuesto del IVA realmente lo paga el consumidor final.

5. Obligaciones de documentación a efectos de otros tributos

 HILO CONDUCTOR

El gerente de Alidroju S. L., Pablo, sabe que, además del IVA, debe pagar el IBI, el impuesto de basuras, el impuesto sobre sociedades, etc. Siempre dice que "lo fríen a impuestos", además de las cotizaciones a la Seguridad Social de sus empleados. Pablo va a investigar para conocer qué impuestos son los que debe pagar una empresa.

Además de pagar el IVA, otros impuestos que deben pagar las empresas son:

- **Impuesto sobre actividades económicas (IAE):** este impuesto se paga por ejercer una actividad económica. Lo pagan tanto las personas físicas como las personas jurídicas, es decir, tanto profesionales autónomos como empresas siempre que su volumen de negocio sea superior a un millón de euros. Tanto si se está exento como si no de pagar este impuesto, todo el que ejerza una actividad económica debe darse de alta en el epígrafe del IAE que más se adecue a su actividad. Esto se hace con los **modelos 036 y 037 de la AEAT.** Estos epígrafes determinan la retención que el autónomo o la empresa debe aplicar en sus facturas. Este impuesto se paga de manera anual.
- **Impuesto sobre sociedades (IS) / Impuesto sobre beneficios:** si el IRPF es el impuesto sobre la renta de las personas físicas, podemos decir que el impuesto sobre sociedades es similar al IRPF, pero sobre las personas jurídicas, es decir, un IRPF para las empresas.
  Se aplica a todas las empresas residentes, o creadas, o que tienen sede o domicilio social en España. Se declara anualmente, aunque el pago se realiza de manera fraccionado en tres plazos.
- **Impuesto sobre la renta de las personas físicas (IRPF):** este impuesto sobre la renta de las personas físicas lo deben pagar todas las personas residentes en España, incluidos los profesionales autónomos. Tanto las

empresas como los autónomos deben retenerse en sus facturas un porcentaje y, por tanto, declarar la cantidad retenida.

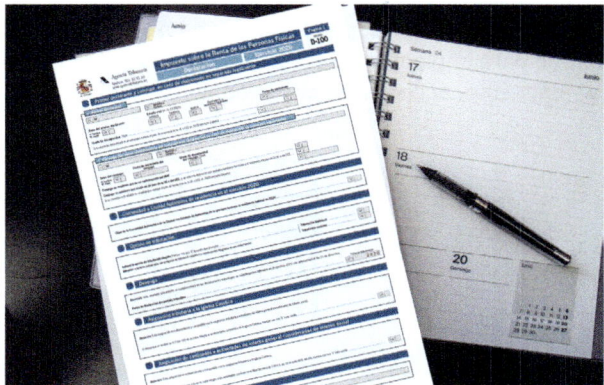

La declaración de la renta o declaración del impuesto sobre la renta de las personas físicas se puede realizar de manera presencial en las oficinas de la AEAT bajo cita previa, o de manera telemática en la propia web de la AEAT, siguiendo las indicaciones que va señalando el programa de la web. Fuente: Cromavision / Shutterstock.com

- ⮒ **Impuestos regionales y locales:** los impuestos que se aplican por leyes o normativas regionales (comunidades autónomas), provinciales o locales (municipales) deben ser pagados por las empresas. Por ejemplo, una tienda de telefonía u otros servicios que expone un carro expositor a pie de calle con folletos informativos para que los transeúntes los puedan coger y llevárselos. En su municipio les cobran un impuesto local por el uso y ocupación de la vía pública. En caso de no pagarlo, podrían exponerse a una multa o a no sacar el carro expositor fuera del establecimiento.
- ⮒ **Impuestos especiales o medioambientales:** son impuestos especiales para algún fin concreto o que están relacionados con el cuidado del medio ambiente y la sostenibilidad.
  Dos ejemplos de este tipo de impuestos son la **tasa Google** (por el uso y la actividad comercial en internet tanto de compraventa como de publicidad y comunicación), la **ecotasa** o **tasa turística** para preservar la sostenibilidad y el cuidado medioambiental en zonas turísticas saturadas por el inmenso número de turistas invasivos.
- ⮒ **Cotizaciones a la Seguridad Social:** las cotizaciones a la Seguridad Social no son un impuesto como tal, pero todas las empresas están obligadas a pagar una cantidad por cada trabajador a este organismo. Estas aportaciones sirven para cubrir al trabajador en posibles casos de desempleo, jubilación, incapacidad laboral, etc.

PARA SABER MÁS

Puedes leer la noticia titulada "Málaga pide a la Junta y al Gobierno un marco regulatorio para implantar la tasa turística", y adquirir más información acerca de este impuesto, accediendo desde aquí:

https://redirectoronline.com/coml011po0406

APLICACIÓN PRÁCTICA

Ricardo asesora a algunas pequeñas empresas a nivel contable y fiscal. La facturación anual de Ricardo es de unos 27.000 € aproximadamente. ¿Cuál de los siguientes impuestos deberá pagar Ricardo como autónomo? Justifica tu respuesta.

- **Impuesto sobre actividades económicas**
- **Impuesto sobre sociedades**
- **Impuesto sobre beneficios**
- **Impuesto sobre la renta de las personas físicas**

Solución

El IAE no deben pagarlo, ya que su facturación no es superior al millón de euros.

El IS o impuesto sobre sociedades e impuesto sobre beneficios es el mismo impuesto llamado de diferente manera. Se aplica a empresas.

Por lo tanto, el impuesto que debe pagar Ricardo es el IRPF o impuesto sobre la renta de las personas físicas, que es el que se aplica a personas trabajadoras y personas autónomas.

Para presentar todos estos impuestos de manera correcta es necesario llevar la contabilidad general de manera estricta. En la contabilidad general hay unos documentos denominados *libros* que ayudan a la empresa a registrar todos los movimientos u operaciones que se realizan a diario debido a la actividad de la empresa. Estos documentos ligados a la contabilidad general son:

- **Libro diario:** es el documento donde se registran los asientos contables derivados de las operaciones que se realizan a diario en la empresa.
- **Libro mayor:** es el documento correspondiente a cada cuenta contable donde se registran todos los movimientos que afectan a dicha cuenta. Apuntando en el debe y el haber las cantidades derivadas de cada movimiento que afecta a dicha cuenta, para finalmente calcular el saldo resultante.
- **Libro de inventario:** es el documento donde se reflejan todos los bienes que posee la empresa. Se realiza un inventario inicial al ejercicio contable, uno o más de comprobación durante el ejercicio y un inventario final. El inventario final de un ejercicio debe coincidir con el inventario inicial del ejercicio siguiente.

El inventario consiste en contar los productos y los bienes de la empresa de manera física para saber cuántas unidades hay. Lo que hay en la empresa debe coincidir con las cantidades registradas en el programa de gestión. Se debe hacer un inventario inicial, otro de comprobación (o varios) y otro final en el ejercicio contable.

- **Libro de cuentas anuales:** el libro de cuentas anuales consta del balance de situación de la empresa, la cuenta de pérdidas y ganancias, el estado de cambios en el patrimonio neto, el estado de flujos de efectivo y la memoria.

👁 EJEMPLO

Todos los importes del debe y el haber del libro mayor de la cuenta del cliente A deben coincidir con los asientos contables reflejados en el libro diario que afecten a esta cuenta del cliente A.

- -

6. Facturación telemática y conservación electrónica de facturas

👉 HILO CONDUCTOR

Aunque Alidroju S. L. es una empresa que está bastante informatizada, existen pequeños proveedores que continúan haciendo facturas en papel. Pablo, el gerente, les dice que en breve eso ya no será posible porque todas las empresas deberán facturar electrónicamente. Ellos le contestan que no es así por tratarse de pequeños empresarios. Sin embargo, a Pablo le han llegado rumores sobre una nueva ley y decide indagar al respecto.

- -

La Ley 18/2022 de creación y crecimiento de empresas obliga a las empresas a **facturar de manera electrónica.** Principalmente, las facturas correspondientes a operaciones entre empresas y autónomos, es decir, las operaciones en el canal B2B o *business to business.* Esta ley se conoce popularmente como la **ley crea y crece.** Los objetivos principales de esta ley son fomentar la digitalización, luchar contra la morosidad e impulsar el crecimiento comercial en España.

Existe un período de seis meses en los que las Administraciones deben determinar los requisitos técnicos y de información que deberán ser incluidos en la factura. Una vez que se determinen estos requisitos, las empresas tendrán un plazo de adaptación para la implementación de la factura electrónica, que será de un año si la facturación anual es superior a ocho millones de euros, o de dos años si dicha facturación anual es inferior a esa cantidad.

Las empresas deberán permitir el acceso a dichas facturas a sus destinatarios durante cuatro años. Cuando estos destinatarios hayan dejado de ser clientes de la empresa emisora de factura, deberá mantener el acceso durante los tres años siguientes al cese de los contratos.

 ACTIVIDAD COMPLEMENTARIA

4. Leer el siguiente artículo titulado "Ley crea y crece. La factura electrónica será obligatoria en España", e indica los puntos clave que aporta esta nueva ley. Puedes acceder a él desde aquí:

https://redirectoronline.com/coml011po0404

7. Resumen

La facturación es la cantidad de dinero que una empresa ingresa como resultado de las ventas o de las operaciones de su actividad empresarial. Esta facturación debe quedar reflejada en diferentes documentos para su control, tanto por parte de la empresa como de la Administración pública.

Las empresas pueden tener distintos tipos de clientes atendiendo al criterio de facturación directa a estos:

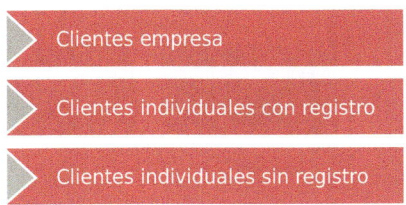

Los documentos que avalan las operaciones que se han realizado en la empresa son:

Las cantidades reflejadas en estos documentos deben coincidir con los movimientos monetarios de caja o bancos, según corresponda.

Centrándonos en la factura como documento principal de la facturación, los datos que deben aparecer en una factura son:

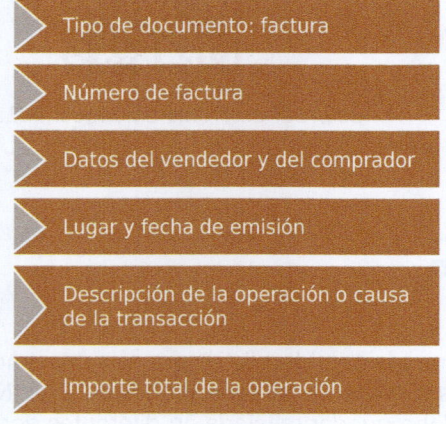

El IVA o impuesto sobre el valor añadido debe aparecer explícito en todas las facturas: bien indicando que la factura está exenta de dicho impuesto, señalando el tipo aplicado, bien indicando que va incluido en el importe total. Es decir, las formas en las que puede aparecer el IVA en la factura son:

Los tipos de IVA que se aplican en la actualidad según la vigente Ley 37/1992 son:

Esta ley sufre continuas modificaciones, por lo que hay que estar muy atento a ellas. La liquidación del IVA es trimestral.

Otros impuestos, además del IVA, que deben pagar las empresas son:

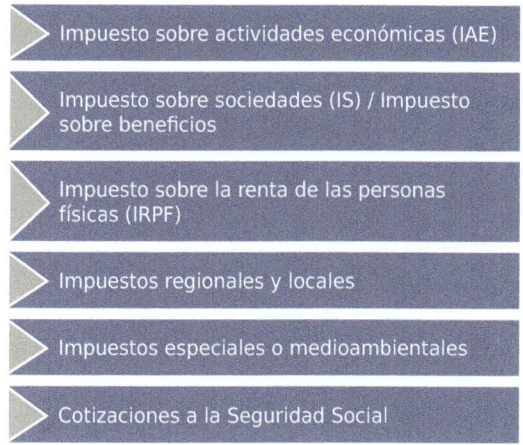

Estos impuestos se calculan gracias a otra documentación exigida por la contabilidad general para controlar el estado financiero de la empresa. Estos documentos son:

Por último, debemos recordar que, gracias a la Ley 18/2022 de creación y crecimiento de empresas, las empresas están obligadas a facturar de manera electrónica todas las operaciones comerciales que se establecen en el canal B2B o *business to business,* es decir, de empresa a empresa, aunque sean autónomos. La conservación de facturas deberá ser de cuatro años como norma general.

Ejercicios de autoevaluación
Unidad de Aprendizaje 4

1. **¿Qué documento debe expedir una inmobiliaria, a la hora de vender un piso, para acreditar la operación de compraventa?**

    a. Un contrato de compraventa.
    b. Una solicitud de pedido.
    c. Un albarán de entrega.
    d. Un tique de compra.

2. **Cuando un consumidor compra en un supermercado le suelen entregar en la caja:**

    a. Un contrato de compraventa.
    b. Una solicitud de pedido.
    c. Un albarán de entrega.
    d. Un tique de compra.

3. **Indica si las siguientes afirmaciones son verdaderas o falsas:**

    a. En las facturas es obligatorio que aparezca la palabra *factura*.

        ■ Verdadero
        ■ Falso

    b. No es necesario hacer ninguna referencia al IVA en la factura, ya que posteriormente se hará la liquidación.

        ■ Verdadero
        ■ Falso

    c. Las facturas deben ir numeradas de manera correlativa.

        ■ Verdadero
        ■ Falso

4. **Relaciona los siguientes tipos de IVA con sus porcentajes correctos:**

    a. Exento.
    b. IVA superreducido.

c. IVA reducido
d. IVA general

___ 21 %
___ 4 %
___ 0 %
___ 10 %

5. Indica si las siguientes afirmaciones son verdaderas o falsas:

a. La liquidación del IVA se realiza de manera trimestral.

- Verdadero
- Falso

b. El tipo de IVA, por ejemplo, el IVA general, es el mismo en todos los países de la Unión Europea.

- Verdadero
- Falso

c. IVA significa impuesto sobre el valor absoluto.

- Verdadero
- Falso

6. El IAE es:

a. Impuesto de actividades especiales.
b. Impuesto de actividades ecológicas.
c. Impuesto de actividades económicas.
d. Impuesto de actividades electrónicas.

7. La tasa Google es:

a. Un impuesto regional.
b. Un impuesto local.
c. Un impuesto especial.
d. Un impuesto medioambiental.

8. **¿Cuál de los siguientes conceptos no es un impuesto como tal, pero sí de obligado cumplimiento?**

    a. IAE.
    b. IS.
    c. IRPF.
    d. Cotización a la Seguridad Social.

9. **El libro contable donde se reflejan los bienes y productos existentes en la empresa es:**

    a. Libro diario.
    b. Libro mayor.
    c. Libro de inventario.
    d. Libro de cuentas anuales.

10. **Según la Ley 18/2022, de creación y crecimiento de empresas:**

    a. Las facturas deberán ser obligatoriamente telemáticas.
    b. Las facturas deberán ser obligatoriamente en papel y archivadas en clasificadores.
    c. Las facturas deberán estar en el sistema que el empresario elija y decida.
    d. Las facturas podrán emitirse en un sistema híbrido, algunas en papel y otras electrónicas.

El almacén

Contenido

Objetivos

El objetivo general de esta Unidad de Aprendizaje es:

→ Identificar el concepto de almacén, sus funciones y todo aquello relacionado con las existencias o bienes custodiados.

Los objetivos específicos de esta Unidad de Aprendizaje son:

→ Diferenciar las características que debe reunir un almacén atendiendo a los criterios de ubicación, construcción y mobiliario y factores medioambientales.
→ Distinguir los tipos de existencias según el criterio de durabilidad.
→ Reconocer las funciones propias de un almacén.
→ Identificar los tipos de *stock* según su función y según la organización operativa de la empresa.
→ Relacionar las funciones, áreas y departamentos de un almacén.
→ Comparar los distintos métodos de valoración de las existencias.
→ Justificar la importancia de la realización de inventarios.
→ Reconocer los pasos para la realización de inventarios.
→ Identificar la importancia de la utilización de sistemas de gestión de almacén.

1. Introducción

La distribución comercial consiste en hacer llegar un artículo o bien desde el productor o fabricante hasta el consumidor final. En líneas generales, el fabricante vende al mayorista, el mayorista al minorista y el minorista al consumidor.

En esta cadena de distribución, las empresas realizan una actividad de compraventa, que consiste en comprar productos para después venderlos. Estos productos, una vez que finalizan su ruta de transporte de un punto a otro, deben ser guardados y custodiados en un almacén. De ahí la importancia de una buena gestión de almacén y de la gestión óptima de las mercaderías.

Seguimos con nuestro hilo conductor de la empresa Alidroju S. L., el hipermercado que vende alimentación, droguería y juguetería en una pequeña ciudad de 50.000 habitantes. Pablo es el gerente. Este hipermercado suministra al público en general y a unos ultramarinos de pueblos pequeños y cercanos.

2. El almacén, ¿qué es y para qué sirve?

☞ **HILO CONDUCTOR**

Pablo, gerente de Alidroju S. L., tiene un almacén destinado a guardar los artículos que vende en el hipermercado. Como sus productos son muy variados, intuye que no puede almacenar la lejía, que vende en la sección de droguería, junto a los tomates, que vende en la sección de alimentación. Por eso, decide conocer más profundamente acerca del concepto de almacén y su utilidad para sacar mayor partido a la distribución y organización de los productos en este.

El almacén es un edificio o parte de este que se destina a guardar o custodiar las mercancías o existencias durante un tiempo determinado, permitiendo el fácil acceso a ellas cuando sea necesario a causa de la actividad empresarial.

2.1. Características

El almacén debe cumplir con una serie de **características** en cuanto a:

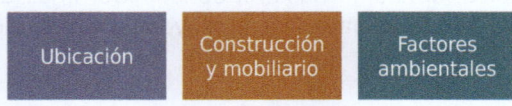

Según su ubicación

Las características en cuanto a la **ubicación** son las que indicamos seguidamente.

Fácil acceso

Si pensamos en el almacén como un edificio único, por ejemplo, una nave industrial, lo aconsejable es que se ubique en las afueras de la ciudad o zonas de fácil acceso. Hemos de tener en cuenta que los camiones grandes deben poder acceder por vías de comunicación rápidas y amplias.

Si pensamos en el almacén como la parte de un edificio, por ejemplo, el almacén de una tienda pequeña, es muy probable que esté ubicado en el centro de la ciudad, incluso a veces en zonas peatonales. Generalmente, la cantidad de suministro será menor y se realizará en camiones pequeños o furgonetas de reparto. Habría que tener en cuenta, respecto al tráfico rodado urbano, el tránsito o acceso a la calle donde está ubicado el almacén.

 EJEMPLO

María está mirando locales para montar una zapatería. Ha visto un local bastante acorde para este negocio. Está ubicado en una calle muy céntrica y transitada de su ciudad. Es una calle peatonal con acceso restringido en cuanto al tipo de vehículos y horarios, ya que los vehículos que acceden pueden circular, pero no parar. Es demasiado estrecha y no hay posibilidad de aparcar en los laterales, por lo que la acción de carga y descarga resulta imposible, pues no hay ninguna zona habilitada para ello.

Situación estratégica respecto a la recepción de mercancía

El almacén debe estar situado en una zona accesible y cercana a la zona de recepción de mercancías. Una vez que los vehículos de transporte acceden a la zona donde depositan la mercancía (zona de recepción), debe ser fácil transportar la mercancía desde la zona de recepción a la zona de almacén en sí.

El empleado ha recibido un pedido en la zona de recepción de mercancías y, a continuación, debe reubicar las distintas existencias en el almacén.

Situación estratégica con el punto de venta o punto de exposición

El almacén debe estar bien situado y comunicado con la zona de salida de mercancía (si esta sale directamente a la calle si somos distribuidores) o con la zona de venta o exposición (si los productos salen por la venta que se realiza en tienda).

 **EJEMPLO**

Gema gestiona el almacén de una tienda de muebles. Algunos muebles pasan del almacén a la zona de exposición, donde los montan para que los clientes los vean montados y colocados como si fuesen salones, dormitorios, etc. Sin embargo, cuando los clientes compran los muebles, la empresa se los lleva a casa directamente para montarlos allí. Por este motivo, el 90 % de la mercancía no sale por tienda, sino desde almacén. De ahí la importancia de reubicar la salida de mercancía que Gema tiene planteada.

Según su construcción y mobiliario

Las características en cuanto a construcción y mobiliario son las siguientes.

Accesos y puertas

Los accesos y las puertas deben ser amplios y permitir el paso a quienes estén permitidos dichos accesos (vehículos, cargas o peatones). Deben cumplir con toda la normativa vigente de prevención de riesgos laborales. Esto implica que los accesos, puertas y zonas de paso deben estar siempre:

- Despejadas y libres de obstáculos para permitir el paso y la evacuación si fuese necesario.
- Puertas y portones limpios y debidamente engrasados o mantenidos para que abran en su totalidad, para que no queden entornados, atascados o a medio abrir.
- Al tratarse de zonas de acceso, deben estar limpias para evitar accidentes, esto es, libre de residuos sólidos o líquidos.

◉ EJEMPLO

Gloria ha cogido dos cajas de faldas del almacén, que lleva a la tienda, gracias a una carretilla, para exponerlas y venderlas. Sin embargo, la puerta que comunica el almacén con la tienda tiene mal las bisagras y no abre del todo, por lo que no puede acceder a la tienda con la carretilla y las cajas. Así que debe abrir las cajas a pie de la puerta en el almacén y dar varios viajes para llevar la ropa al mostrador y darles entrada a esos productos en tienda.

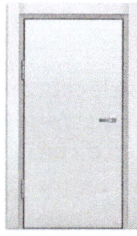 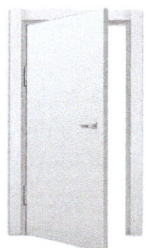 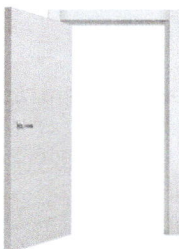

Las puertas deben poder abrirse y cerrarse en su totalidad, tanto para evacuación como para acceso ordinario. No pueden quedarse atascadas, entreabiertas, ni que haya que soltar la mercancía para tener que abrir o cerrar. Hoy día existen sistemas de detección presencial que permiten abrir o cerrar la puerta cuando esta detecta que una persona está delante de ella y desea acceder. Otros sistemas, como las puertas abatibles, se abren mediante un empujón y se cierran solos. Sin necesidad de soltar la carga.

 EJEMPLO

Las cocinas de los restaurantes suelen tener puertas abatibles. De este modo, los camareros pueden abrirlas empujando con el pie o con el cuerpo sin soltar los platos, llenos o vacíos, que llevan en las manos.

Materiales de construcción correctos

El almacén debe estar construido con materiales correctos y adecuados que proporcionen las condiciones ambientales y de seguridad adecuadas. Dependiendo del tipo de mercancías que se almacenen, es posible que estas necesiten una temperatura de frío o calor, grado de humedad, etc., por lo que los materiales de construcción deberán proporcionar o facilitar la conservación de dichas condiciones.

 EJEMPLO

En el almacén de ropa de Javier, el techo que se encuentra por la zona donde se almacena el calzado está desnivelado, y da la sensación de que se va a caer. Sus empleados, cuando tienen que entrar a buscar algún artículo de calzado, lo

Continúa en página siguiente >>

<< Viene de página anterior

hacen de manera rápida, mirando al techo y cubriéndose la cabeza con las manos "por si se cae" en ese momento. El almacén debe estar construido de manera que los trabajadores no teman por su vida y se sientan en un lugar seguro.

Capacidad adecuada

El almacén debe tener la capacidad adecuada para albergar todos los artículos y mercancías que debe custodiar, no solo en cantidad, sino en volumen.

 EJEMPLO

No es igual almacenar electrodomésticos de gama blanca; lavadoras, secadoras, lavavajillas, frigoríficos, congeladores, etc., que almacenar bisutería; collares, pulseras, anillos, pendientes, etc.

De ahí también la importancia de gestionar la rotación de las mercaderías.

 EJEMPLO

Margarita tiene una tienda de ropa donde venden físicamente y *online*. Margarita tiene como norma que todas las ventas *online* salgan de almacén lo más inmediatamente posible. Para dar buen servicio a los clientes internautas y para dejar espacio en el almacén para recibir los pedidos nuevos.

Estanterías, compartimentos, cajones y demás

Aunque las mercancías suelen venir en palés o cajas, no se depositan en el suelo y en desorden. El género debe estar organizado y colocado para su fácil localización cuando sea necesario. Por eso, se necesita de cierto mobiliario en el almacén para que las existencias sean colocadas y organizadas. Dependiendo del tamaño de los artículos, se ubicarán en estanterías, armarios, cajones y cualquier tipo de mobiliario que creamos adecuado.

Según factores ambientales

Las características en cuanto a factores ambientales son las siguientes.

Ventilación

El almacén debe estar bien ventilado. Principalmente, cuando se almacenan productos que puedan ser irritantes, inflamables, nocivos, explosivos, tóxicos, corrosivos, etc., en general, productos peligrosos que pueden emanar gases y cuya concentración de gas podría resultar peligrosa. Además, una correcta ventilación previene de concentración de bacterias o virus en el aire que puedan afectar a algunos productos como los alimenticios o sanitarios.

Nivel de humedad

El nivel apropiado de humedad es importante en un almacén. Dependerá del tipo de productos que se almacena. La humedad puede crear la aparición de moho u otros gérmenes, puede ablandar o estropear la mercancía. Por el contrario, la falta de humedad en almacenes donde se necesita puede hacer que los productos se deterioren por sequedad.

◁◎▷ EJEMPLO

En el almacén del hotel donde trabaja Pedro, se han echado a perder productos de celulosa, como el papel higiénico de las habitaciones, los rollos de cocina, los pañuelos de papel que ofrecen como *amenity* o producto de acogida en los cuartos de baños y el papel secante de manos de los baños comunes, debido a un exceso de humedad en el almacén. Esto ha dado lugar a que esos productos pierdan sus propiedades y sus funciones principales debido a que se han quedado muy húmedos (casi mojados) y no realizan su función principal de secado. Toda esa mercancía ha quedado inservible.

Iluminación

La correcta iluminación se debe realizar conforme a la prevención de riesgos laborales:

⮞ La luz debe estar adaptada a las exigencias visuales de las tareas que deben realizar los empleados. Es recomendable que las zonas de recepción o salida de mercancías estén bastante iluminadas, ya que el personal realiza ahí gran parte de sus tareas de registro de entrada y salida de las mercancías. Una mala iluminación obliga a los empleados a forzar la vista y puede producir molestias como cansancio o dolor de cabeza, entre otras.
⮞ La iluminación debe estar uniformemente distribuida por el almacén. Se puede hacer hincapié en algunas zonas, pero no se debe dejar zonas a oscuras. Las zonas menos transitadas deben estar iluminadas por si alguien debe acceder a esa zona y para evitar que ciertos animales o insectos aniden en esas zonas oscuras.
⮞ La intensidad de la iluminación debe ser la suficiente como para distinguir formas u objetos que pudieran suponer un peligro para la salud o integridad física de los empleados.

La luz también debe ser adecuada conforme a los tipos de productos que se almacenen. Si les puede dar la luz o no y si lo puede hacer de manera directa o indirecta.

La iluminación del almacén debe ser lo más uniforme posible, con la adecuada intensidad, y debe abarcar toda la superficie para no dejar zonas oscuras. Debe permitir una visualización correcta sin tener que forzar la vista y permitiendo distinguir formas, objetos y colores.

Temperatura

La temperatura debe ser adecuada, teniendo en cuenta la prevención de riesgos laborales, así como las características o necesidades de los productos almacenados. Los trabajadores no deben sufrir temperaturas extremas que dificulten e incomoden el trabajo realizado. Por otra parte, pueden existir productos cuya temperatura mínima o máxima no se deba exceder. Teniendo en cuenta ambos factores, se deberá adecuar la temperatura correcta.

 IMPORTANTE

Los factores medioambientales deben tenerse en cuenta en su conjunto, es decir, ventilación, humedad, iluminación y temperatura, para evitar corrientes de aire, malos olores u olores desagradables, radiación solar excesiva a través de ventanales y cristaleras, y, en definitiva, cualquier molestia severa que pueda resultar perjudicial para el trabajador y para la mercancía almacenada.

3. Las existencias

☞ HILO CONDUCTOR

Pablo, gerente de Alidroju S. L., tiene mucha variedad de existencias, ya que su hipermercado cuenta con tres secciones diferenciadas; alimentación, droguería y juguetería. A su vez, cada sección cuenta con una gran variedad de productos; alimentos frescos, enlatados, lácteos, etc. Pablo debe saber más acerca de las existencias para organizarlas mejor dentro del almacén, guardando unos criterios de clasificación.

Las existencias son los bienes que la empresa almacena para, posteriormente, incorporarlos a su proceso productivo. Sin embargo, las **mercaderías o mercancías** suelen hacer referencia a aquellos bienes que adquieren las empresas comerciales para, posteriormente, venderlos tal cual están, sin haber sufrido ningún tipo de transformación y sin haber sido incorporados a otros productos como resultado de una actividad de producción.

En general, salvo en empresas donde se puedan dar estos dos tipos, es decir, **existencias** y **mercaderías,** ambos términos se utilizan de manera indistinta como sinónimos.

3.1. Tipos de existencias

Podemos decir que hay **cuatro tipos de existencias** según el criterio de **caducidad** o **durabilidad:**

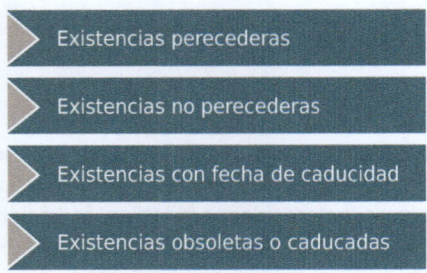

De aquí la importancia de una buena gestión de almacén para que las existencias sean vendidas o utilizadas en tiempo y forma, y no lleguen a quedar obsoletas o caducadas en el almacén, con la consecuente pérdida de dinero para la empresa.

Existencias perecederas

Son aquellas que se estropean con el paso del tiempo más o menos cercano. No tienen una fecha de caducidad exacta, pero deben venderse de manera inmediata por su poca durabilidad. Además, suelen necesitar unas condiciones de conservación idóneas, ya que, de lo contrario, el deterioro se acelera.

 **EJEMPLO**

Las existencias perecederas son en su mayoría los productos frescos como las frutas, verduras, hortalizas, carne, pescado y lácteos. Algunas, como las frutas, pueden estar a temperatura ambiente siempre que no haya un exceso de calor. Sin embargo, la carne y el pescado necesitan refrigeración porque, de lo contrario, se estropean.

Las frutas son un claro ejemplo de existencias perecederas. Una frutería, una cafetería donde sirven desayunos, un restaurante, un comedor escolar, o la cocina de un hospital, deben darles salida a la mayor brevedad posible. De lo contrario, corren el riesgo de que se estropeen en el almacén y supongan un dinero perdido para la empresa, ya que, ni lo pueden vender o servir, ni lo pueden devolver, ni pueden esperar a otra temporada o momento para venderlo.

Existencias no perecederas

Son aquellas que no tienen fecha de caducidad y cuya durabilidad o vida útil es muy larga. El deterioro vendrá por el paso de un tiempo largo o por el uso de dicho de producto.

 **EJEMPLO**

Las existencias no perecederas son maquinaria, mobiliario, prendas textiles, herramientas, utensilios, etc. Una mesa se deteriorará por el paso del tiempo a lo largo de muchos años. Una máquina lavadora se estropeará por el paso del tiempo y por el uso.

Existencias con fecha de caducidad

Son aquellas que tienen una fecha de caducidad definida y determinada. Esta fecha puede venir expresada de manera concreta o por un período de tiempo una vez que se abre el envase.

👁 **EJEMPLO**

Algunos productos como los yogures muestran una fecha de caducidad concreta ("Fecha de caducidad: 05/04/2023"). Otros como las latas de atún expresan el mes y el año ("Consumir preferentemente antes de: 08/2025"). Otros como los cosméticos y jarabes medicinales traen las indicaciones de cómo calcular esa caducidad ("Desechar el producto a los 12 meses de abrir el envase").

Existencias obsoletas o caducadas

Son aquellas que se han estropeado, han caducado o han quedado desfasadas por diversos motivos. Dependiendo del tipo de productos, así pueden ser las causas; frutas, verduras y hortalizas que se han estropeado porque no se han vendido a tiempo o porque las condiciones medioambientales las han estropeado, productos cuya fecha de caducidad ha vencido porque no se han sacado a tienda o porque no se han vendido, productos tecnológicos que han quedado obsoletos porque han salido nuevas versiones más avanzadas, modernas y actualizadas, y productos que han quedado en desuso por cambio de tendencias en el mercado.

👁 **EJEMPLO**

Ricardo tiene una tienda de ropa. El año pasado estaba de moda la minifalda. Sin embargo, este año se llevan las faldas largas. Aunque ha tenido las minifaldas en oferta, no ha logrado venderlas porque la demanda o clientela de su tienda no las solicita. Finalmente, las ha guardado en el almacén a espera de que la moda de minifalda regrese de nuevo.

 **APLICACIÓN PRÁCTICA**

Jaime se encuentra en el almacén dos cajas de latas de atún con esta fecha de caducidad: 24/03/2020. Jaime debe identificar a qué tipo de existencia pertenecen estas unidades. Ayuda a Jaime a identificarlo.

Continúa en página siguiente >>

<< Viene de página anterior

Solución

Las existencias perecederas son aquellas que se estropean con un transcurso de tiempo breve e inmediato y por factores medioambientales, como los productos frescos.

Las existencias no perecederas son aquellas que se estropean a lo largo de un tiempo largo y, generalmente, por el uso, es decir, cuando llegan al final de su vida útil.

Por tanto la cajas de atún corresponde a existencias con fecha de caducidad, que son aquellas que tienen marcada una fecha de cumplimiento o consumo determinada.

Las existencias cuya fecha de caducidad ha sido alcanzada sin que el producto haya sido vendido. En estos casos, el producto ya no se puede vender y pasa a ser *stock* muerto, con las consecuentes pérdidas a la empresa.

---

4. Funciones del almacén

☞ HILO CONDUCTOR

Pablo reconoce que el almacén no es solo recibir la mercancía y después sacarla a la zona de exposición del hipermercado, es decir, a tienda. Hay que recibir la mercancía, darle entrada en el sistema, colocarla, darle salida en el sistema, darle salida del almacén cuando vende a los ultramarinos de las poblaciones cercanas y pequeñas, etc. Es decir, que hay muchas tareas que realizar en el almacén, y necesita personal que se dedique solo y exclusivamente a su gestión y organización. Por ello, Pablo quiere saber cuáles son las funciones que se desempeñan en el almacén para saber cuánto personal necesita en él.

La principal función del almacén es la de **guardar y custodiar las mercancías** durante un tiempo determinado hasta que estas se venden o salen del almacén a tienda. Sin embargo, para realizar este proceso de almacenamiento, se deben cumplir las siguientes funciones:

- **Recibir la mercancía:** la primera función que realizar en el proceso de almacenamiento es la de recibir la mercancía. Debe haber un espacio destinado para ello. El vehículo de reparto hace entrada y deposita la mercancía en esa área de recepción. Se comprobará que es la cantidad (palés, cajas, unidades) y el tipo de mercancía solicitada.
- **Registrar las entradas y salidas de *stock* en el almacén:** una vez que se ha recibido la mercancía, se procederá a registrar en el sistema de gestión los productos; número de palé o caja, lotes, referencias, artículos, etc. Esta información suele venir en las etiquetas externas de los embalajes y envases, en unos códigos de barras o códigos QR que son leídos por un lector de códigos (pistolas de lectura, PDA, etc.) y se registra dicha información en el sistema. Este mismo procedimiento es el que se utiliza para dar salida al producto del almacén. Gracias al lector de código de barras, se da salida al producto del almacén a tienda o directamente a ventas.
- **Almacenar y conservar el *stock:*** una vez que se ha hecho el registro de entrada de los productos, estos se trasladan, gracias a las carretillas elevadoras, carretillas manuales, cintas transportadoras, etc., recorriendo los diferentes pasillos, al lugar exacto donde queremos depositar la mercancía hasta su salida.

VÍDEO

Puedes ver un vídeo de cómo se transportan los productos en un almacén robotizado, tanto para su entrada como para su salida, accediendo desde aquí:

https://redirectoronline.com/hyuam

- **Preparar los pedidos:** cuando el almacén recibe un pedido, se dispone a prepararlo lo antes posible para darle salida, pues eso es un indicador de que se ha producido una venta. También se puede dar salida del almacén para llevarlo y darle entrada en tienda. Primero, se realizará el *picking* o recogida de los productos que se van a preparar. A continuación, se realizará el *packing* o preparación de pedidos con los productos que se han recogido en el *picking.* Debe existir un área de realización de pedidos en el almacén.

VÍDEO

Podrás ver ejemplos de *picking* manual, *picking* automatizado con carrusel horizontal y *picking* automatizado con carrusel vertical, accediendo desde aquí:

Vídeo 1	Vídeo 2
https://redirectoronline.com/3answ	*https://redirectoronline.com/1esaf*

Vídeo 3
https://redirectoronline.com/xv8u1

● **Controlar y gestionar el *stock:*** gracias a estas funciones de registros de entrada y salida de productos, se puede controlar el *stock* que debe haber en el almacén. De ahí la importancia de realizar inventarios para comprobar que lo que realmente hay en el almacén es lo que, según el sistema informático, debe haber.

5. Los *stocks*

 HILO CONDUCTOR

No es la primera vez que, en el almacén de Alidroju S. L., se les ha quedado género caducado en alimentación o *stock* muerto porque se ha pasado de moda, como en el caso de juguetería. Por el contrario, otras veces, se han quedado sin producto y han pasado días hasta que han recibido el nuevo pedido y han podido reponer un artículo en las estanterías del hipermercado. Por esta razón, Pablo decide estudiar acerca de los distintos tipos de *stock* para que estas incidencias no vuelvan a ocurrir.

El **stock** es un concepto que hace referencia al número o cantidad de existencias o mercancías que debe existir en el almacén. Hay diferentes **tipos de stock** según dos criterios:

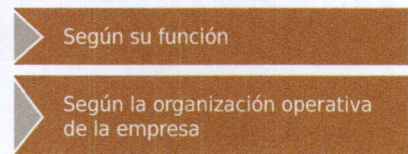

Según su función

Según la organización operativa de la empresa

5.1. Tipos de *stock* según su función

El *stock*, además de ser mercancía comprada para ser posteriormente vendida, desempeña una función o una tarea en el almacén. Esta función puede ser la de avisar cuándo hay que reaprovisionarse de nuevo, o cuando hay suficiente cantidad para ejercer la actividad de compraventa en la empresa, etc.

A continuación, exponemos los tipos de *stock* según la función que cumplen en el almacén.

Stock de seguridad

Es la cantidad de existencias que se debe tener en el almacén ante la previsión de un aumento de la demanda. Es muy habitual en empresas cuya actividad depende de la temporada alta, media o baja. El *stock* de seguridad es el que necesitan para asegurarse de que, ante un aumento de la demanda, no se van a quedar sin existencias.

Stock de alerta

El *stock* de alerta es la cantidad de existencias que debe haber para avisarnos de que se debe realizar un pedido nuevo para no quedarnos sin existencias.

 EJEMPLO

Una tienda vende artículos de verano como bañadores, chanclas, toallas de playa, etc. Comienzan la temporada de venta en mayo. Consideran que el *stock* de alerta son 50 uds. Es decir, cuando ya solo quedan 50 uds. de un artículo en almacén, deben realizar un pedido de ese artículo. Pues, mientras el pedido está en camino, son las unidades estimadas que se pueden vender.

Stock estacional

Es el *stock* o la cantidad de existencias que se adquieren para una determinada temporada. Se distingue del *stock* de seguridad en que el *stock* de seguridad es ejercido o previsto por empresas que operan todo el año, con temporada alta, media y baja, mientras que el *stock* estacional lo prevén empresas cuya actividad es solo en una temporada determinada, y están cerradas el resto del tiempo o solo tienen actividad administrativa. Su actividad económica se reduce a las ventas realizadas durante ese período de apertura.

 **EJEMPLO**

Una tienda de alquiler de equipos de esquí situada en Sierra Nevada que solo abre desde diciembre hasta abril, o una escuela de *windsurf* situada en una playa de la Costa Dorada que solo abre desde abril hasta octubre.

Tipos de *stock* según la organización operativa de la empresa

La organización operativa de la empresa es el control de los recursos económicos, financieros y humanos y los procesos operativos del almacén. Dicho de otra manera, el personal o recursos humanos deben optimizar el uso escaso de los recursos económicos y financieros, mejorar los procesos operacionales e intentar aumentar el rendimiento.

En base a esta organización operativa, el *stock* se puede clasificar de diferentes maneras.

Stock óptimo

Es la cantidad de existencias que debe haber para realizar la actividad de la empresa de manera correcta y sin incidencias. Debe ser la cantidad adecuada que se ajuste a la demanda, pero que tampoco sobre al final de la temporada o promoción prevista.

Stock físico

Es la cantidad de producto que hay físicamente en el almacén. Debe coincidir con la cantidad que muestra el sistema informático de gestión, como comprobación de que se han realizado correctamente los registros de entrada y salida en el sistema. Por este motivo es importante hacer inventarios aleatorios y parciales de vez en cuando.

◁◎▷ EJEMPLO

En la empresa de Jorge han contado un artículo concreto, y hay en almacén 1.800 uds. Sin embargo, el sistema de gestión indica que debe haber 1.700 uds. Esto significa que 100 uds. no han sido todavía registradas a su entrada, o a su salida, por lo que tendrán que proceder a hacer las comprobaciones oportunas.

- -

Stock neto

Es la cantidad de existencias resultantes de restar al *stock* físico los pedidos de los clientes que ya están vendidos, pero todavía están pendientes de embalar y enviar. Sin embargo, ese *stock* ya no se puede vender, porque ya está vendido realmente.

◁◎▷ EJEMPLO

En un almacén hay 2.000 uds. de un producto. Hace dos horas se han vendido 300 uds. a un cliente. Por tanto, el *stock* neto es de 1.700 uds., ya que esas 300 uds. están vendidas y, aunque siguen en almacén, están listas para ser preparadas, embaladas y enviadas al cliente comprador.

- -

Stock disponible

Es la cantidad de existencias que están disponibles para la venta. Se calcula sumando al *stock* neto, el *stock* que está pendiente de recibir procedente de los proveedores. Ese *stock* ya está comprado, aunque todavía no lo hayamos recibido, pero sí lo podemos poner disponible a la venta.

 **EJEMPLO**

En el almacén del ejemplo anterior, teníamos un *stock* neto de 1.700 uds. Tenemos pendiente de recibir un pedido de ese artículo de 800 uds. Por tanto, el *stock* disponible es de 2.500 uds.

Stock mínimo

Es la cantidad de existencias que debe haber para que la actividad de la empresa se pueda desarrollar de manera normal, sin tener que decirle al cliente que NO queda dicho producto en almacén. Puede coincidir o no con el *stock* de alerta, ya que la denominación atiende a distinto tipo de criterio, pero en la práctica es muy similar.

Stock máximo

Es la cantidad de existencia máxima que debe haber en el almacén, teniendo en cuenta su caducidad y el tiempo del que disponemos para venderla. Es la cantidad tope para que no se convierta en *stock* inactivo o *stock* muerto.

 **EJEMPLO**

Carlos sabe que en su frutería venden a diario de media unos 45 kg de naranjas. Tiene determinado el *stock* máximo en 60 kg de naranjas diarios. De este modo, si le sobran unos pocos, lo podrá tener en cuenta para el *stock* del día siguiente. Lo que no quiere es que le sobre *stock* porque, si no vende las naranjas y se echan a perder, supondría pérdidas para el negocio.

 **TAREA 5**

En el almacén de Pablo han hecho recuento físico y hay 3.000 uds. de un artículo, de las cuales, 450 uds. están vendidas a un cliente de Zaragoza. Por otra

Continúa en página siguiente >>

<< Viene de página anterior

parte, la empresa de Pablo está pendiente de recibir 780 uds. nuevas de ese mismo artículo. ¿Qué cantidad hay realmente de *stock* disponible para vender? Calcula el *stock* disponible.

---

6. Departamentos del almacén y sus funciones

☞ HILO CONDUCTOR

El almacén de Alidroju S. L. custodia artículos variados relacionados con las secciones de alimentación, droguería y juguetería. Junto con las distintas funciones que hay que desempeñar de recepción, salida, organización y gestión de mercancías, Pablo se ve obligado a organizar al personal de almacén en departamentos para que cada trabajador desempeñe unas funciones concretas.

El almacén debe tener varios departamentos o zonas para poder desempeñar las diferentes funciones propias del almacén. Estas zonas son:

- **Zona de recepción:** la zona de recepción es el área donde se recibe la mercancía. Debe ser una zona amplia, ya que los pedidos pueden ser voluminosos. Aquí se suelen ubicar los ordenadores o sistemas donde se realizan los registros de entrada.
- **Zona de almacenamiento:** es la zona de estanterías, cajones, muebles, etc., donde se colocan y se organizan las mercancías.
- **Zona de preparación de pedidos o *picking*:** el *picking* es la zona donde se recogen los productos para preparar el pedido o *packing.* Debe estar cerca de la zona de salida.
- **Zona de salida y verificación:** debe ser una zona amplia, ya que las ventas pueden ser voluminosas. En esta zona se encontrarán los dispositivos con el *software* de gestión para realizar los registros de salida.
- **Zona de control y gestión de *stocks:*** esta zona puede encontrarse en un punto intermedio o equidistante a la zona de entrada, de salida y de almacenamiento. Por un lado, para poder mantener un control visual. Por otro lado, debería estar provista de los dispositivos con el *software* de gestión para poder gestionar entradas, salidas, inventarios, comprobaciones, emisión de documentación como pedidos, albaranes, facturas, etc.

⮑ **Zona de tránsito y maniobra:** son las zonas por donde transitan los vehículos de carga, como las carretillas y los peatones o empleados. Son los pasillos, las rampas de acceso, etc. Deben ser amplias y estar debidamente señalizadas para evitar accidentes laborales como posibles atropellos.

Las zonas de tránsito de un almacén deben ser amplias para permitir el paso, por ejemplo, de carretillas elevadoras cargadas con palés. Deben permitir hacer maniobras de giro, proporcionar visibilidad y estar bien señalizadas.

⮑ **Zonas auxiliares:** son otras zonas que no están ligadas directamente a la actividad de la empresa, pero son necesarias para la comodidad de los trabajadores, como pueden ser baños, vestuarios, salas o zonas de descanso, etc.

Teniendo en cuenta todas estas zonas y las funciones que se realizan en ellas, podemos decir que un almacén debe tener los siguientes departamentos:

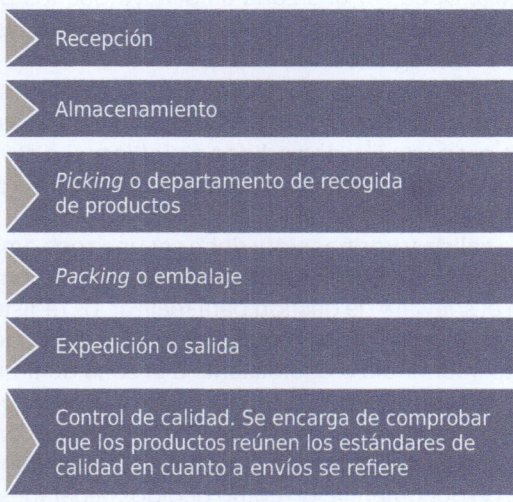

Recepción

Almacenamiento

Picking o departamento de recogida de productos

Packing o embalaje

Expedición o salida

Control de calidad. Se encarga de comprobar que los productos reúnen los estándares de calidad en cuanto a envíos se refiere

Continúa en página siguiente >>

<< Viene de página anterior

> Administración y gestión

> Mantenimiento. Encargado de mantener el almacén en las condiciones adecuadas de temperatura, iluminación, funcionamiento de máquinas, herramientas y utensilios, etc.

7. La ficha de almacén

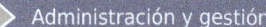 **HILO CONDUCTOR**

El sistema de gestión de almacén que ha adquirido Pablo para su hipermercado Alidroju S. L. trae unas fichas de almacén cuando clica en cada producto. En esa ficha, existen un montón de campos para rellenar acerca de diferentes datos del producto con respecto al almacén. Pablo indica a sus trabajadores instrucciones para rellenar dichas fichas, pues, cuanta más información exista en cada una, la optimización de la gestión del *stock* será mejor.

La ficha de almacén es un documento en el que se registra todo lo relacionado con un producto. Podemos decir que cada producto tiene su ficha de almacén. En esta ficha suelen aparecer datos como:

- **Identificación del producto:** el nombre o pequeña descripción del producto, códigos de barras, referencias, cantidad en *stock* o SKU *(stock keeping unit),* número de serie, número de lote, etc.
- **Ubicación en el almacén:** el número de ubicación, zona o área en el almacén, estantería, estante o nivel, etc. El almacén suele estar dividido en secciones alfanuméricas para que sea más fácil la localización del producto. Por ejemplo:
  Zona 3B, estantería 5, estante 3.
- **Cantidad en *stock:*** aquí se refleja la cantidad que hay en *stock,* pero se pueden añadir otros *stocks* del mismo artículo, como son su *stock* mínimo, máximo, de seguridad, de alerta, etc.
- **Movimientos de inventario:** se pueden registrar los movimientos de dicho artículo, como son las entradas y salidas, fechas, horas y motivos de estas, etc.

○ **Información adicional:** otra información que se crea conveniente, como fecha de caducidad, de fabricación, proveedor, coste unitario, precio de venta, incluso otras observaciones.

La ficha de almacén depende de cada empresa o, más bien, de cada programa de gestión. Unas son más completas que otras, dependiendo de la cantidad de tipo de datos que se desee registrar.

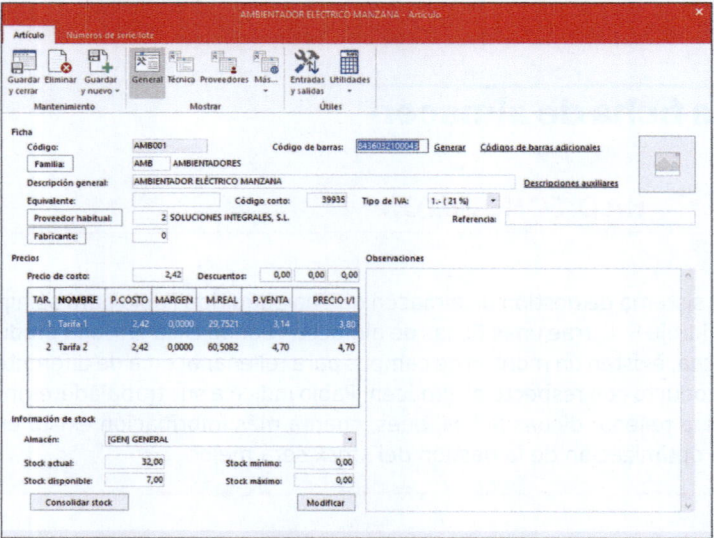

En el programa Factusol podemos ver la ficha del producto Ambientador eléctrico manzana. Podemos ver datos como el código del producto, el código de barras, la familia a la que pertenece, la descripción o concepto del producto, un código corto asignado, el tipo de IVA que se aplica, el proveedor, el precio de coste y el precio de venta, el stock actual y el disponible. Como puedes observar, también ofrece la posibilidad de indicar el stock mínimo y máximo.

8. Valoración de las existencias

 **HILO CONDUCTOR**

Pablo, gerente de Alidroju S. L., es consciente de que la rotación de productos de alimentación es mayor que la de droguería, que a su vez es mayor que la de juguetería. En alimentación, el coste de entrada y el coste de salida no varían

Continúa en página siguiente >>

<< Viene de página anterior

mucho, ya que esos productos están poco tiempo en almacén. Sin embargo, no sucede lo mismo en juguetería, habiendo artículos que, a veces, pasan un año entero en el almacén de una campaña navideña a otra. Por tanto, el coste de entrada puede variar respecto al coste de salida por el transcurso del tiempo. Por eso, Pablo decide indagar acerca de los diferentes métodos de valoración de existencias.

Los métodos más comunes para valorar las existencias son:

Coste medio
- Este método establece el coste medio o promedio por unidad de un artículo a lo largo de un período determinado o definido. Para calcularlo, se suma el coste total de las existencias y el resultado obtenido se divide entre las unidades que existen.

Método FIFO
- El nombre de este método procede de las siglas en inglés *first in, first out*. Es decir, los primeros productos que entraron en almacén son los primeros en salir. El coste de los primeros productos que se adquirieron se asume como el coste de los primeros productos que se venden, y así sucesivamente.

 **EJEMPLO**

Fecha	Entrada	Precio compra	Cte. compra	Salidas	Cte./ unidad	Cte. total
Día 1.º	10 l	3,00 €/l	30,00 €			
Día 2.º	8 l	3,50 €/l	28,00 €			
Día 3.º	10 l	4,00 €/l	40,00 €			
Día 4.º	15 l	5,00 €/l	75,00 €			

Continúa en página siguiente >>

<< Viene de página anterior

Fecha	Entrada	Precio compra	Cte. compra	Salidas	Cte./ unidad	Cte. total
Día 5.º (Coste medio)				32 l	4,02 €/l	128,64 €
Día 5.º (FIFO)				32 l	3,6875 €/l	118,00 €

Método del precio medio: se debe sumar el coste total de toda la mercancía (litros de un producto) que hay en el almacén: 30,00 + 28,00 + 40,00 + 75,00 = 173,00 €.

A continuación, se divide entre el total de litros que hay en el almacén: 10 + 8 + 10 + 15 = 43 l.

173,00 € / 43 l = 4,02 €/l

Este coste se multiplica por las unidades (litros) que salen del almacén: 4,02 € x 32 l = 128,64 €.

Método FIFO: las salidas se valoran al precio de la primera entrada. Al tratarse de una salida de 32 l, cogemos 10 l del día 1.º, 8 l del día 2.º, 10 l del día 3.º, y solo 4 l del día 4.º.

Fecha	Litros	Precio compra	Cte. compra
Día 1.º	10 l	3,00 €/l	30,00 €
Día 2.º	8 l	3,50 €/l	28,00 €
Día 3.º	10 l	4,00 €/l	40,00 €
Día 4.º	4 l	5,00 €/l	20,00 €
	32 l		118,00 €

El coste total se divide entre las unidades (litros) que salen, para calcular el coste/unidad.

118,00 / 32 l = 3,6875 €/l

3,69 € x 32 l = 118,00 €

La decisión de qué método utilizar dependerá del tipo de productos, otros costes asociados, la normativa contable aplicable, etc. Hay que aplicar el método que más se ajuste a la valoración real o precisa.

9. Realización de inventarios

👉 HILO CONDUCTOR

Pablo solo realiza inventario al inicio y al final del ejercicio contable. Esto da lugar a que, en la mayoría de los casos, haya descuadres entre lo que indica el sistema que debe haber en el almacén y lo que hay realmente cuando cuentan las unidades físicas. Por este motivo, Pablo decide estudiar la importancia de la realización de inventarios.

El inventario consiste en contar las unidades físicas de producto que se encuentran en el almacén y comprobar que deben coincidir con lo que administrativamente indica el sistema de gestión o la documentación administrativa. Es decir, con los documentos de entrada y salida que acreditan los movimientos producidos en almacén. Los pasos para realizar el inventario son:

1. **Preparación:** el primer paso que hay que dar es preparar toda la documentación y materiales (herramientas y utensilios) que vayamos a necesitar.
2. **Etiquetado:** los productos deben etiquetarse cuando se les da de alta en el registro de entrada. Habrá que comprobar que todos los productos están etiquetados.
3. **Conteo físico:** se deben contar los productos de uno en uno. En la actualidad, este proceso es más fácil debido a las pistolas lectoras de códigos de barras.
4. **Verificación:** una vez que se ha hecho el recuento de las unidades, se debe verificar que los resultados obtenidos coinciden con los resultados arrojados por los movimientos producidos en el almacén.
5. **Actualización:** en el caso de que el conteo físico no coincida con lo que nos indican dichos movimientos, generalmente en el *software* de gestión, habrá que actualizar en el ordenador dando de alta o baja productos faltantes o sobrantes, y así regularizar el sistema y actualizarlo con las unidades reales que hay en el almacén. De este modo, los nuevos apuntes

de registro de entrada o salida se llevarán a cabo de manera correcta y ajustados a la realidad del momento.

6. **Análisis:** es necesario analizar estos resultados. Saber si ha habido muchas o pocas incidencias, si se han producido sobre el mismo producto o varios, etc. Una vez detectados los errores, será más fácil aplicar una solución factible para que no se repitan.

7. **Mantenimiento:** es conveniente hacer inventario de manera regular para que se mantengan precisos y actualizados. Generalmente, se suele hacer un inventario inicial y final del ejercicio contable, además de algún inventario intermedio. Cuantos más inventarios se realicen, más fácil es controlar el *stock.* La frecuencia de estos inventarios de comprobación va a depender de la cantidad y variedad de productos con los que se trabaje.

 ACTIVIDAD COMPLEMENTARIA

5. Visualiza el vídeo titulado "DHL introduce el uso de drones autónomos para la gestión del inventario". Indica qué ventajas ofrece el uso de drones autónomos en este proceso. Para acceder al vídeo puedes hacerlo desde aquí:

https://redirectoronline.com/coml011po0501

- -

10. Sistemas de gestión del almacén

 HILO CONDUCTOR

Pablo tiene un sistema de gestión de almacén algo obsoleto de la anterior empresa en la que trabajó, ya que su jefe cerró por jubilación. Un amigo informático "limpió" el *software de datos,* y Pablo empezó desde cero a grabar proveedores,

Continúa en página siguiente >>

<< Viene de página anterior

clientes, artículos, etc. Sin embargo, el *software* tiene varios años y hay muchas funciones que no realiza. Pablo ha visto que hay otros programas de gestión que traen muchas más funciones integradas que le ahorrarían mucho tiempo a la hora de ejecutar el trabajo. Por eso, decide ver qué programas hay en el mercado.

Un sistema de gestión de almacén o SGA es un *software* o programa informático que permite y facilita la gestión del almacén, que será más rápida y más eficaz. Pueden constar de varios *softwares* que se relacionan entre sí importando y exportando datos entre ellos, o pueden tener todas las funciones integradas dentro del mismo *software.* En general, suelen cubrir la gestión de inventario, transporte y logística, pedidos, almacenes, automatización de estos y cadena de suministro.

Ejemplo de la cinta de opciones del software Factusol. En él se pueden apreciar las distintas opciones que ofrecen el programa, y, dentro de cada una de ellas, presentan más subgrupos con opciones específicas.

En la imagen puedes ver la cinta de opciones del programa *Factusol:* **Archivo, Ventas, Compras, Almacén, Administración, Informes, Utilidades y Asistencia técnica.**

Dentro de la opción de Almacén, se muestran los siguientes subgrupos: **Artículos, Existencias, Inventario y Fabricación.** A su vez, cada subgrupo presenta distintas opciones o funciones que se pueden llevar a cabo.

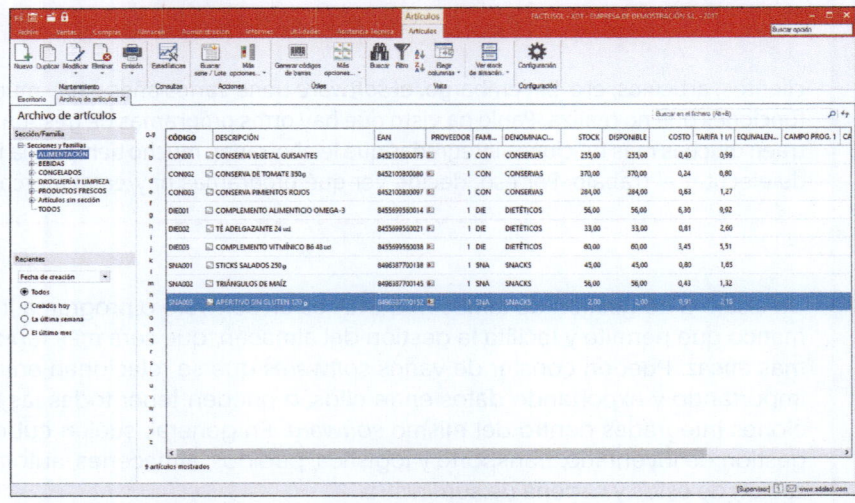

En el software Factusol, dentro de la opción Almacén, la pestaña Artículos presenta más subopciones con las que se puede operar según las diferentes funciones y tareas que se deban desempeñar en el almacén respecto a los artículos.

11. Resumen

En el *software* Factusol, dentro de la opción Almacén, la pestaña Artículos presenta más subopciones con las que se puede operar según las diferentes funciones y tareas que se deban desempeñar en el almacén respecto a los artículos.

Según el criterio de ubicación, un almacén debe reunir los siguientes requisitos:

- ➲ Ubicación
- ➲ Construcción y mobiliario
- ➲ Factores ambientales

Según el criterio de ubicación, un almacén debe reunir los siguientes requisitos:

Fácil acceso

Continúa en página siguiente >>

<< Viene de página anterior

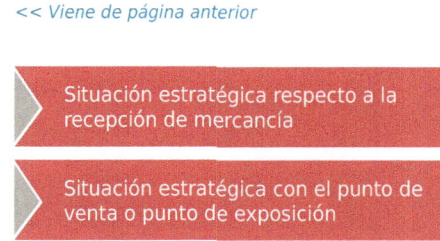

Según el criterio de construcción y mobiliario:

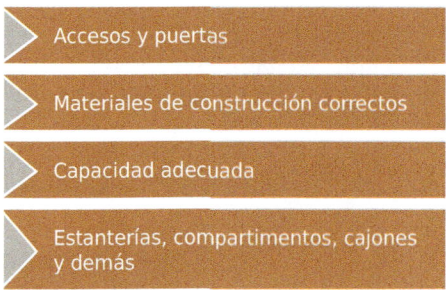

Según el criterio de los factores ambientales:

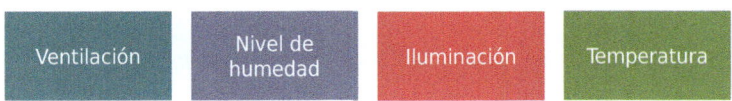

Las existencias y mercaderías son los bienes que se guardan en el almacén. Pueden ser de cuatro tipos, atendiendo al criterio de durabilidad o caducidad:

➲ Existencias perecederas
➲ Existencias no perecederas
➲ Existencias con fecha de caducidad
➲ Existencias obsoletas o caducadas

El almacén, además de guardar y custodiar las existencias, cumple otras funciones, como son:

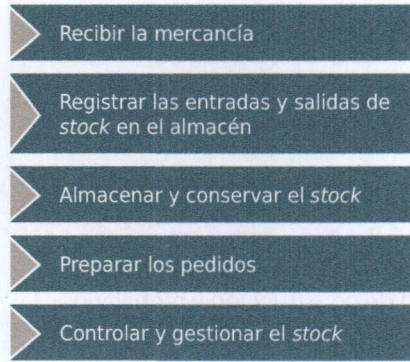

El *stock* es el concepto de existencia desde el punto de vista numérico o de cantidad, es decir, el total de unidades que forman el conjunto de la mercancía.

Según su función, podemos distinguir los siguientes tipos de *stock:*

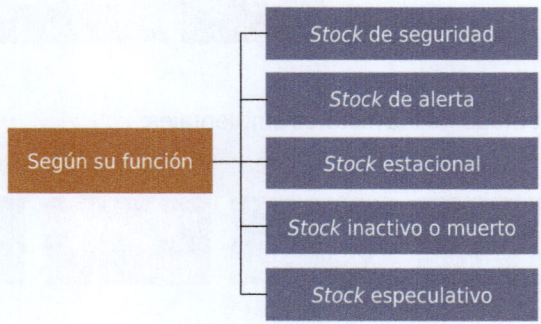

Según la organización operativa de la empresa, la clasificación de los *stocks* distingue:

El almacén, que en muchos casos es una empresa que se dedica a esta actividad, está formado por varios departamentos. Como ya hemos dicho que el almacén cumple varias funciones, las áreas más habituales son:

- Zona de recepción
- Zona de almacenamiento
- Zona de preparación de pedidos o *picking*
- Zona de salida y verificación
- Zona de control y gestión de *stocks*
- Zona de tránsito y maniobra
- Zonas auxiliares

De la existencia de estas áreas, se deriva que el almacén puede constar de los siguientes departamentos:

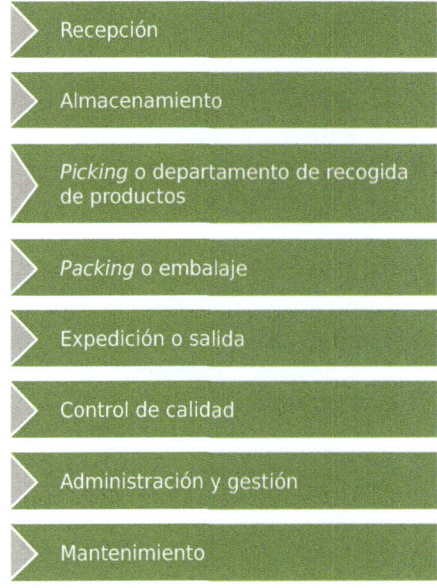

La ficha de almacén es aquella que tiene cada producto, en la que constan los datos del producto relativo a su almacenaje:

- Identificación del producto
- Ubicación en el almacén
- Cantidad en *stock*
- Movimientos de inventario
- Información adicional

Esta ficha puede variar dependiendo de las empresas.

Las existencias de un almacén tienen que ser valoradas para saber cuál es su valor de adquisición y cuál es el valor que se le da a su salida, pues es posible que desde que entra hasta que sale del almacén haya transcurrido un tiempo y los valores del mercado cambien. Para su valoración, se utilizan dos métodos:

- Coste medio
- Método FIFO

Además, es imprescindible llevar actualizado el inventario o el estocaje del almacén, es decir, comprobar que las unidades físicas que se encuentran en el almacén coinciden con el resultado que arrojan los movimientos de entrada y salida de los artículos. Para realizar un inventario, se deben seguir los siguientes pasos:

Por último, cabe recordar que, para llevar a cabo toda la gestión del almacén de manera óptima y eficiente, es recomendable disponer de un SGA, *software* o sistema de gestión de almacén que facilitará todas las tareas y funciones que se deben realizar.

Ejercicios de autoevaluación
Unidad de Aprendizaje 5

1. **¿Cuál de las siguientes características de un almacén responde al criterio de factores ambientales?**

    a. Fácil acceso.
    b. Capacidad adecuada.
    c. Situación estratégica respecto a la recepción de mercancía.
    d. Ventilación.

2. **¿Cuál de las siguientes existencias es una existencia no perecedera?**

    a. Un kilo de naranjas.
    b. Un armario ropero.
    c. Un litro de leche.
    d. Un sobre de sopa instantánea.

3. **Ordena las siguientes funciones del almacén en el proceso de compraventa:**

    - Almacenar y conservar el *stock*.
    - Controlar el *stock*.
    - Registrar las entradas de *stock* en almacén.
    - Recibir la mercancía.
    - Preparar los pedidos de venta.

4. **El *stock* que no se puede vender porque se ha estropeado por una inundación en el almacén se denomina:**

    a. *Stock* de alerta.
    b. *Stock* estacional.
    c. *Stock* inactivo.
    d. *Stock* especulativo.

5. **El *stock* que se puede poner a la venta en cualquier momento se denomina:**

    a. *Stock* neto.
    b. *Stock* disponible.

c. *Stock* físico.
d. *Stock* máximo.

6. La función de colocar y organizar la mercancía para su custodia se realiza en la:

a. Zona de almacenamiento.
b. Zona de recepción.
c. Zona de *picking*.
d. Zona de tránsito y maniobra.

7. Si en una ficha de almacén vemos el dato "450 uds.", este dato se refiere a:

a. Identificación del producto.
b. Ubicación en el almacén.
c. Cantidad en *stock*.
d. Información adicional.

8. Uno de los métodos más comunes para valorar las existencias es el método:

a. FIFO
b. LIFO
c. HIFO
d. NIFO

9. Ordena los pasos para realizar un inventario:

• Preparación.
• Mantenimiento.
• Etiquetado.
• Análisis.
• Conteo físico.
• Actualización.
• Verificación.

10. Un SGA es un:

    a. Sistema de guardia del almacén.
    b. *Software* de gestión del almacén.
    c. Sistema de garantía del almacén.
    d. Sistema global de almacén.

Formas de pago

Contenido

Objetivos

El objetivo general de esta Unidad de Aprendizaje es:

→ Distinguir las distintas formas de pago más habituales en el mercado.

Los objetivos específicos de esta Unidad de Aprendizaje son:

→ Desarrollar qué es una letra de cambio.

→ Diferenciar las posibles figuras intervinientes en una letra de cambio.

→ Reconocer los datos que deben aparecer en el anverso y reverso de una letra de cambio.

→ Definir qué es un cheque.

→ Reconocer los requisitos que debe presentar un cheque.

→ Identificar las formas de expedición de un cheque.

→ Distinguir las clases de cheques.

→ Definir qué es un pagaré.

→ Diferenciar las tarjetas de débito y de crédito.

→ Reconocer qué es una transferencia bancaria.

1. Introducción

Uno de los últimos pasos en el proceso de compraventa es la realización del pago, la entrega del dinero a cambio del bien o servicio adquirido.

Existen diferentes formas de pago. Los consumidores finales utilizan el efectivo o las tarjetas bancarias. Sin embargo, la actividad entre empresas es diferente. Muchas empresas necesitan financiarse o financiar a sus clientes-empresa.

Es decir, necesitan un margen de tiempo para poder recuperar el dinero a través de las ventas realizadas y así pagar a proveedores. De ahí que, además de las facturas con vencimiento a 30, 60 o 90 días, surjan diferentes formas de pago que se ejecutan a través de entidades bancarias y que no son ni el efectivo ni las tarjetas bancarias.

Alidroju S. L. es el hipermercado que vende alimentación, droguería y juguetería en una pequeña ciudad de 50.000 habitantes. Este hipermercado suministra al público en general y a unos ultramarinos de pueblos pequeños y cercanos. Su gerente, Pablo, debe cobrar a los consumidores y a los ultramarinos a los que suministra bienes. Para ello, Pablo va a estudiar algunas de las distintas formas de pago que hay en el mercado.

2. La letra de cambio

 **HILO CONDUCTOR**

Pablo, el gerente de Alidroju S. L., ha oído hablar muchas veces del concepto "pagar la letra". Sin embargo, desconoce el porqué de esa expresión. Ha escuchado hablar de las letras de cambio; de hecho, uno de los ultramarinos a los que suministra le ha propuesto pagarle de esta manera. Pablo debe investigar acerca de la letra de cambio para saber si puede aceptar o no esta forma de pago.

La letra de cambio es un documento de pago en el que el **librador** obliga al librado a que pague una cantidad monetaria a una tercera persona denominada **tomador, tenedor** o **beneficiario,** y que suele ser una entidad bancaria o el mismo librador.

En la expedición de la letra de cambio pueden intervenir otras figuras como:

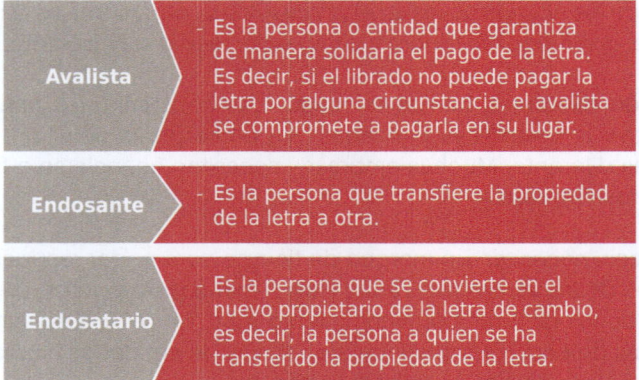

Avalista	Es la persona o entidad que garantiza de manera solidaria el pago de la letra. Es decir, si el librado no puede pagar la letra por alguna circunstancia, el avalista se compromete a pagarla en su lugar.
Endosante	Es la persona que transfiere la propiedad de la letra a otra.
Endosatario	Es la persona que se convierte en el nuevo propietario de la letra de cambio, es decir, la persona a quien se ha transferido la propiedad de la letra.

Los datos que deben aparecer en el anverso de la letra de cambio son los siguientes:

- **Lugar de libramiento:** es el lugar donde se emite o se expide la letra de cambio. Puede coincidir con el domicilio del librador o no. Este dato es muy importante en caso de litigio, ya que determina a qué jurisdicción se someten las partes.
- **Importe:** se debe indicar el importe de la letra, tanto en número como en letras. Existen dos campos o casillas destinadas a ello.
- **Fecha de libramiento:** es la fecha en la que se emite o expide la letra de cambio.
- **Fecha de vencimiento:** es la fecha en la que el beneficiario puede cobrar o exigir el cobro de la letra de cambio. Si no se especifica ninguna fecha, se considerará *pagadero a la vista,* es decir, cuando el beneficiario presente la letra de cambio al librado o entidad bancaria.
- **Nombre del tenedor:** también denominado *tomador o beneficiario,* es la persona que tiene derecho al cobro de la letra de cambio. Es el domicilio donde se va a pagar la letra de cambio al beneficiario. Generalmente, el domicilio del librado o entidad bancaria.
- **Domicilio de pago:** es el domicilio donde se va a pagar la letra de cambio al beneficiario. Generalmente, el domicilio del librado o entidad bancaria.
- **Cláusulas:** la cláusula es una condición especial que se debe aclarar, para distinguirlas de las condiciones aceptadas por defecto. Estas cláusulas pueden ser:

○ **Cláusula de protesto.** Implica que, en caso de no ser pagada la letra de cambio, se debe presentar o protestar ante notario u otra autoridad relevante para poder litigar legalmente.
○ **Cláusula de vencimiento.** Establece la fecha de vencimiento.
○ **Cláusula de intereses.** Implica que se aplicará un tipo de interés en el caso de que la letra no se pague en su fecha de vencimiento. A partir de esa fecha, si la letra no se paga, irá generando los intereses estipulados.
○ **Cláusula de domiciliación.** Implica que el pago se hará en un domicilio diferente, que no es el lugar del libramiento indicado en la letra de cambio.

⊃ **Datos del librado:** datos de la persona o entidad que va a hacer el pago.
⊃ **Firma y datos del librador:** firma y datos de la persona o entidad que expide la letra de cambio.
⊃ **Aceptación del librado:** es la declaración por la que el librado acepta la obligación de pagar al beneficiario cuando llegue la fecha de vencimiento. Esta declaración de aceptación es muy importante, ya que sin ella el librado no está obligado a realizar el pago.

Los datos que deben aparecer en el **reverso** de la letra de cambio son los siguientes:

⊃ **Datos del avalista:** los datos del avalista o avalistas que se hacen responsables del pago solidario en el caso de que el librado no pueda realizar el pago.
⊃ **Datos del endoso:** deberán aparecer los datos de todos los endosantes en el caso de que el tomador o beneficiario decida no esperar a la fecha de vencimiento para el cobro de la letra de cambio. Los endosantes aseguran la aceptación y pago de la letra de cambio ante los posibles endosatarios o beneficiarios que vayan adquiriéndola. Aunque esta garantía se puede eliminar con la cláusula "Sin garantía".

NOTA

El impago de la letra de cambio se puede reclamar de manera solidaria a todas las partes; librado, librador, endosante y avalista.

3. El cheque

☞ HILO CONDUCTOR

Otro de los ultramarinos pequeños a quien suministra Pablo, de Alidroju S. L., le ha propuesto que prefiere pagarle mediante cheque. Pablo no está seguro de aceptar este método de pago, ya que le da la sensación de que no es un método muy seguro. Así que decide averiguar acerca de esta forma de pago para saber si acepta esta forma de pago o le sugiere otra al pequeño comerciante.

Es un documento por el cual un sujeto denominado **librador** ordena a una entidad de crédito, generalmente una entidad bancaria, el pago de una cantidad de dinero a otra persona, cuando esta última le presente el cheque.

Se trata de una **orden simple de pago** en la que interviene una entidad de crédito. El librador debe tener fondos en la cuenta bancaria o financiera de dicha entidad para que se pueda hacer efectivo el pago del cheque.

La denominación "cheque"

El mandato de pago con la expresión "Páguese por este cheque a…"

El importe en número y letra

Nombre de la entidad bancaria

Fecha y lugar de emisión

Firma del librador

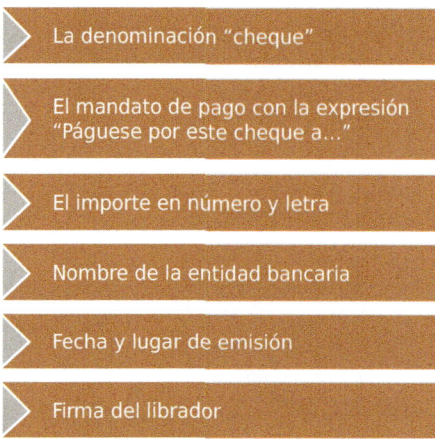

En la imagen del cheque se pueden apreciar claramente los campos designados para la fecha, el nombre de la empresa o persona que debe cobrar el cheque, la cantidad o importe expresados en número y letra, el concepto por el que se paga el cheque, y la firma.

Las formas de expedir un cheque son:

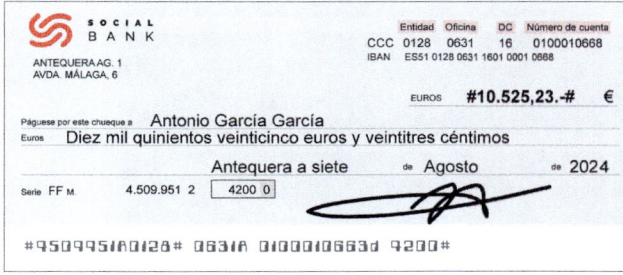

Al portador
- En este caso, la frase sería "Páguese por este cheque al portador". Esto significa que el cheque será cobrado por la persona que porte o lleve este cheque. Es decir, quien lo presenta es el beneficiario.

Nominativo
- En este caso debe figurar el nombre y apellidos de la persona física o la razón social de la persona jurídica.

RECUERDA

En el caso de tratarse de un cheque al portador, en el campo del nombre se escribirá "al portador". En el caso de tratarse de un cheque nominativo, en el campo del nombre escribiremos el nombre y apellidos de la persona o la razón social de la empresa que va a cobrar el cheque como beneficiario.

Existen diferentes clases de cheques:

Cheque normal
- Puede ser nominativo o al portador, y se puede cobrar en efectivo.

Cheque cruzado
- Solo se puede cobrar mediante ingreso en cuenta bancaria. A la hora de formalizar este tipo de cheque, se trazan dos barras en paralelo en el anverso.

Cheque conformado
- El banco responsable de su pago confirma que es válido y que hay fondos disponibles.

Cheque bancario
- Es el cheque que expide el propio banco a petición de su cliente.

IMPORTANTE

En general, se recomienda no enviar este tipo de documentos por correo postal ordinario y reducir la emisión de cheques al portador, ya que en caso de pérdida o robo podría cobrarlo cualquiera que lo encuentre, y abogar por otros sistemas de pago.

4. El pagaré

☞ **HILO CONDUCTOR**

Por otra parte, otro de los ultramarinos le ha propuesto a Pablo, gerente de Alidroju S. L., el pago de las actividades comerciales mediante pagaré. Esta forma de pago también es nueva para Pablo, que hasta ahora se había ceñido a un único método de pago. Sin embargo, sus clientes-empresa le están proponiendo diferentes formas de pago para beneficiarse de ciertas facilidades o privilegios que permiten estas formas de pago y, así, tener mayor poder de financiación para disponer de liquidez.

- -

El pagaré es un documento muy similar a los anteriores. Incluye información sobre el deudor, el acreedor, el importe a pagar, la fecha de vencimiento y las condiciones o términos de pago. Se pueden añadir otros datos, como intereses, cargos por retraso en el pago u otras condiciones. Una vez que el deudor firma el pagaré, este se convierte en un documento vinculante. Su incumplimiento está supeditado a todas las medidas legales oportunas, y puede acarrear las penas establecidas en las normativas vigentes.

Los aspectos a tener en cuenta en un pagaré son los siguientes:

- ➲ **Nombres y apellidos o nombres comerciales de las partes involucradas en la transacción económica de compraventa:** por una parte, los datos del suscriptor o pagador (generalmente, el comprador) y, por otra, los datos del beneficiario o persona que cobra (generalmente, el vendedor).
- ➲ **Importe o cantidad:** se debe expresar en cifras y letras la cantidad que supone la transacción. Se escribe de ambas maneras para evitar manipulaciones, confusiones y malentendidos.
- ➲ **Fecha de emisión:** fecha en la que se emite o se expide el pagaré.
- ➲ **Fecha de vencimiento:** fecha en la que se debe pagar el pagaré.
- ➲ **Tasa de interés y condiciones de pago:** si el pagaré lleva intereses, se deben especificar de manera clara y concisa. También se deben especificar las condiciones de pago si las hubiera. Por ejemplo, si el pago es mensual, bimensual, trimestral, o de una sola vez.
- ➲ **Lugar de pago:** es el lugar donde se debe realizar el pago. Puede ser la dirección del beneficiario o una dirección asignada por el mismo.
- ➲ **Cláusulas y condiciones especiales:** se debe especificar todo aquello que pueda ser especial en el pagaré. Por ejemplo, la circunstancia de

pagar antes de la fecha de vencimiento o pago anticipado, o la posibilidad de demorar el pago con posibles penalizaciones o recargos.

- **Derechos y obligaciones:** en el pagaré se deben concretar los derechos y obligaciones de ambas partes involucradas para evitar malentendidos.
- **Firma del suscriptor:** esta firma es obligatoria al ser el suscriptor o pagador quien emite este documento.
- **Endoso:** en el caso de que el beneficiario desee transferir el derecho de cobro a un tercero, lo puede hacer mediante el endoso del pagaré.
- **Ley aplicable y jurisdicción:** este aspecto se debe concretar para que, en caso de incumplimiento de lo acordado en el pagaré, ambas partes sepan con antelación qué ley rige el pagaré y que jurisdicción resolvería la discrepancia.

En algunos países, los pagarés se registran ante notario para darles mayor validez y ser más reclamables en caso de incumplimiento.

VÍDEO

Podrás ver un vídeo en el que se explica cómo reclamar un pagaré, accediendo desde aquí:

https://redirectoronline.com/coml011po0601

----

5. Las tarjetas de débito y de crédito

HILO CONDUCTOR

Cada vez es mayor el número de consumidores que utilizan las tarjetas bancarias como forma de pago. Pablo desconoce la diferencia entre la tarjeta de débito y

Continúa en página siguiente >>

<< Viene de página anterior

la de crédito. No sabe si a él, a su empresa, le puede afectar de alguna manera que los clientes utilicen un tipo u otro de tarjeta. Por ello, decide indagar para ver cuáles son las diferencias entre ellas.

Generalmente, para ser poseedor de una tarjeta de débito o crédito es necesario tener una cuenta bancaria. Este tipo de tarjetas sirven para pagar en los establecimientos donde está permitido y para sacar dinero en los cajeros automáticos.

Estas tarjetas bancarias son de dos tipos:

5.1. Tarjeta de débito

La tarjeta de débito solo se puede utilizar si el poseedor de la tarjeta dispone de saldo en su cuenta bancaria, ya que el cargo se realiza de manera inmediata, y, si no hay dinero suficiente, no se puede realizar la operación.

👁 EJEMPLO

Pedro desea realizar una compra por un importe de 350 €. Sin embargo, en su cuenta bancaria tiene un saldo de 290 €. En este caso, no se puede realizar la operación y, por tanto, Pedro no puede pagar esa compra.

Continúa en página siguiente >>

<< Viene de página anterior

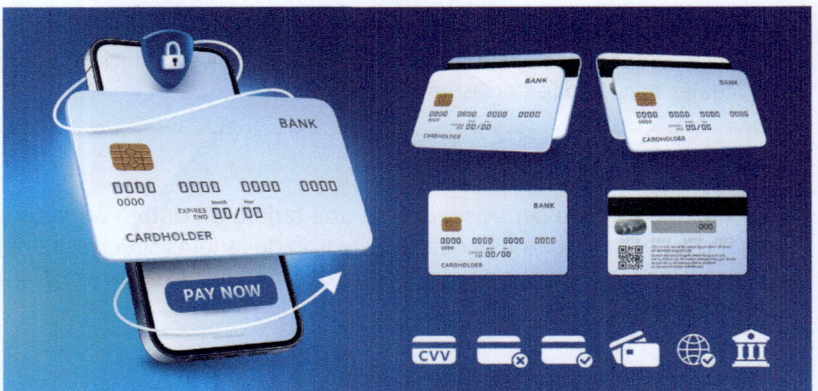

Las tarjetas de débito y de crédito son muy parecidas físicamente. Las diferencian las condiciones pactadas con la entidad bancaria. Las de débito siempre dependen del saldo disponible. Las de crédito pueden ser negociadas con el banco en cuanto a cantidad de crédito, máximo disponible al día, avisos de las transacciones al móvil a partir de una cantidad, la fecha en que se realiza el cargo en cuenta, etc.

La mayoría de las tarjetas bancarias actuales son *contactless*, es decir, solo aproximándolas al lector de microchip es suficiente para la transmisión de datos. Ya no es necesario identificar con el DNI al titular ni solicitar su firma, por ejemplo. Todo está digitalizado. Generalmente, muchos usuarios reciben en su móvil un mensaje informativo sobre el movimiento económico efectuado, por lo que una persona puede saber si están utilizando su tarjeta de manera fraudulenta. Los mecanismos de seguridad han aumentado de manera considerable en la actualidad, aunque no existe el riesgo 0 en el fraude. En la actualidad, hay una tendencia al uso del pago por móvil, prescindiendo incluso de las tarjetas de plástico.

5.2. Tarjeta de crédito

En este tipo de tarjetas el cargo se realiza una vez al mes por el importe total de los pagos realizados. En este caso, no es necesario disponer de dinero o saldo en la cuenta bancaria en el momento de realizar el pago de la compra. Sin embargo, sí es necesario disponer de saldo cuando la entidad bancaria vaya a realizar el cargo mensual en la cuenta.

👁 EJEMPLO

María tiene una tarjeta de crédito de importe de 1.200 €. Va a realizar una compra por importe de 350 €. Aunque tiene un saldo de 290 €, sí puede realizar dicha compra, ya que el cargo no se lo ejecutarán en su cuenta hasta el día acordado.

- -

TAREA 6

Dos clientes, Jorge y Óscar, desean comprar un frigorífico por importe de 720 €. Jorge tiene una tarjeta de débito. En su cuenta bancaria tiene un saldo de 600 €. Óscar tiene una tarjeta de crédito y un saldo en su cuenta de 300 €. El cargo se hace en su cuenta el día 5 de cada mes, y le computan las operaciones desde el 28 al 28 de mes.

Indica quién de los dos clientes puede adquirir el frigorífico y argumenta por qué.

- -

6. La transferencia bancaria

👉 HILO CONDUCTOR

Pablo cree que la forma de pago más fácil y segura es la transferencia bancaria. Por eso, siempre ha pagado así a sus proveedores. El problema es que esto no le permite una financiación como tal, ya que debe realizarla en cuanto se lo ordenan. Además, algunos de los clientes-empresa utilizan también esta forma de pago. Va a estudiar al respecto para ver en qué difiere esta forma con respecto a las otras y así optar por la que sea más beneficiosa.

- -

La transferencia bancaria es una forma de pago en la que el titular de una cuenta bancaria da una orden para pasar o enviar una cantidad de dinero a otra cuenta bancaria. El cargo se hace en la cuenta bancaria del emisor y el abono se realiza en la cuenta bancaria del beneficiario.

 **EJEMPLO**

Jacinto tiene una cuenta bancaria en una entidad con saldo de 1.000 €. María tiene una cuenta bancaria con un saldo de 600 €. Jacinto realiza una transferencia a María por un importe de 100 €. De esta manera, a Jacinto le quedan 900 € en su cuenta, y María ahora tiene 700 € en la suya.

 APLICACIÓN PRÁCTICA

Beatriz ha ordenado que, desde su cuenta bancaria, se envíe la cantidad de 800 € a la cuenta bancaria de Ignacio, que la tiene en otra entidad bancaria diferente a la de Beatriz. ¿Qué tipo de forma de pago ha utilizado? Justifica tu respuesta.

Solución

La forma de pago que ha utilizado es una transferencia bancaria, que se trata de la operación de ordenar desde una cuenta bancaria el movimiento de dinero a otra cuenta bancaria.

 ACTIVIDAD COMPLEMENTARIA

6. Indaga en internet para indicar los motivos por los que resulta atractiva la idea del dinero digital para el BCE.

7. Resumen

Existen en el mercado distintas formas de pago. Las más habituales en la actividad comercial son la letra de cambio, el cheque, el pagaré, las tarjetas bancarias y la transferencia bancaria.

La letra de cambio es un documento en el que un librador obliga a un librado a pagar un importe a un beneficiario.

Otras figuras que pueden intervenir en la expedición de una letra de cambio son:

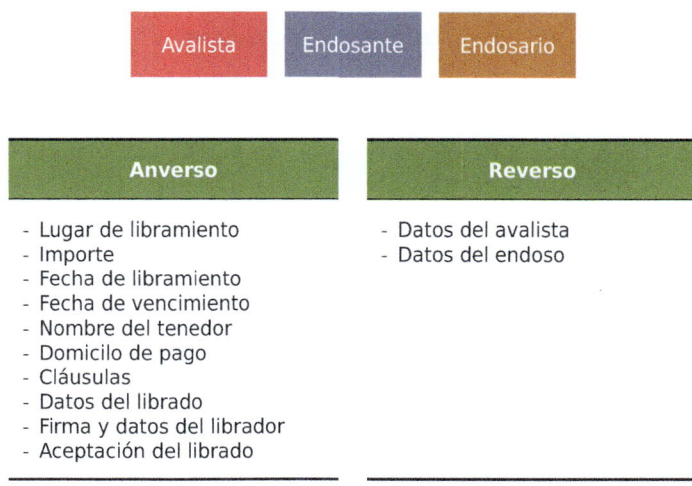

Anverso	Reverso
- Lugar de libramiento - Importe - Fecha de libramiento - Fecha de vencimiento - Nombre del tenedor - Domicilo de pago - Cláusulas - Datos del librado - Firma y datos del librador - Aceptación del librado	- Datos del avalista - Datos del endoso

El cheque es un documento en el que un librador ordena a una entidad bancaria a pagar un importe a un beneficiario.

Los requisitos que debe ofrecer un cheque son:

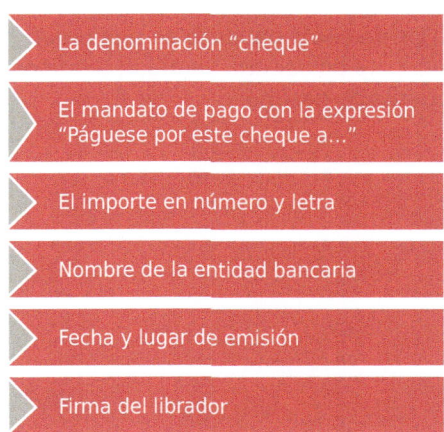

La denominación "cheque"

El mandato de pago con la expresión "Páguese por este cheque a..."

El importe en número y letra

Nombre de la entidad bancaria

Fecha y lugar de emisión

Firma del librador

El cheque se puede expedir de dos maneras:

Los cheques pueden ser de distinto tipo o clase:

Otro documento de pago es el pagaré. Es parecido a los anteriores. También se incluyen datos del deudor y el acreedor, importe, etc., y una fecha de vencimiento. Se pueden incluir otros datos referentes a las condiciones por retraso en su pago.

Las tarjetas bancarias pueden ser:

Las de débito dependen de la disponibilidad de saldo suficiente para la operación, mientras que las de crédito no necesitan de disponibilidad de saldo en el momento de la operación o transacción de compraventa.

Por último, la transferencia bancaria es una orden que da el titular de una cuenta bancaria para enviar una cantidad de dinero desde una cuenta de origen a una cuenta de destino.

Ejercicios de autoevaluación
Unidad de Aprendizaje 6

1. ¿Qué es una transferencia bancaria?

    a. Una transacción de dinero en efectivo.
    b. Una transacción de dinero con tarjeta de crédito.
    c. Una transacción de dinero desde una cuenta bancaria de origen a otra de destino.
    d. Una transacción de ingreso en efectivo en una cuenta bancaria.

2. ¿Qué tipo de datos deben aparecer en el reverso de una letra de cambio?

    a. Lugar del libramiento.
    b. Nombre del beneficiario.
    c. Datos el librado.
    d. Datos del avalista.

3. Un cheque al portador significa que:

    a. Puede ser cobrado por cualquier persona que lo presente.
    b. Solo puede ser cobrado por la persona cuyo nombre y apellidos figure en el cheque.
    c. Puede ser cobrado por cualquier persona que trabaje en la empresa que figure en el cheque.
    d. Puede ser cobrado por cualquier persona cuyos datos y firma aparezcan en el cheque.

4. Indica si las siguientes afirmaciones son verdaderas o falsas.

    a. Para ser poseedor de una tarjeta de crédito es necesario ser titular de una cuenta bancaria.

        ■ Verdadero
        ■ Falso

b. Con la tarjeta de débito se pueden hacer pagos que solo estén cubiertos por la disposición de saldo en la cuenta bancaria.

- ■ Verdadero
- ■ Falso

c. La tarjeta de crédito no se puede utilizar para pagos inferiores a 600 €.

- ■ Verdadero
- ■ Falso

5. En la letra de cambio, el librador es:

a. Quien va a cobrar el dinero.
b. Quien entrega el dinero.
c. Quien emite y expide la letra de cambio.
d. Quien queda libre o exento de pagar impuestos por la transacción.

6. Una cláusula de protesto en una letra de cambio indica que:

a. En caso de no ser pagada, se debe presentar ante notario u otra autoridad relevante para poder litigar.
b. Se establece una fecha de vencimiento.
c. Se aplicará un tipo de interés en el caso de que la letra no se pague en su fecha de vencimiento.
d. El pago se hará en un domicilio diferente, que no es el lugar del libramiento indicado en la letra de cambio.

7. El cheque que se puede cobrar en efectivo es:

a. Cheque normal.
b. Cheque cruzado.
c. Cheque conformado.
d. Cheque bancario.

8. ¿Qué información debe incluir un cheque?

a. La fecha de emisión.
b. El nombre del beneficiario.

c. El importe a pagar.
d. Todas las opciones son correctas.

9. **Indica cuál es la diferencia entre el cheque al portador y el cheque nominativo.**

    a. El cheque al portador lo puede cobrar cualquier persona, y el cheque nominativo, solo el beneficiario indicado.
    b. El cheque nominativo lo puede cobrar cualquier persona, y el cheque al portador, solo el beneficiario indicado.
    c. El cheque al portador solo sirve para cobrar, y el cheque nominativo solo sirve para pagar.
    d. No existen diferencias.

10. **Indica qué datos o requisitos son necesarios para realizar una transferencia bancaria:**

    a. Nombre del beneficiario, número de cuenta y código IBAN.
    b. Teléfono del beneficiario y dirección de *e-mail*.
    c. DNI del beneficiario y dirección de *e-mail*.
    d. El importe debe ser superior a 900 €.

Glosario

Almacén
Lugar donde se guardan y custodian mercancías, materias primas o mercaderías para posteriormente venderlas transformadas en productos listos para consumir por el usuario.

Cantidad
Conjunto de unidades medibles y contables con las que se pueden realizar diferentes operaciones matemáticas como sumar, restar, multiplicar o dividir, entre otras.

Compraventa
Proceso en el que se produce un intercambio de un bien o servicio por una cantidad de dinero. La persona que adquiere el bien o servicio a cambio de entregar una cantidad de dinero es el comprador, y la persona que entrega el bien o servicio recibiendo el dinero es el vendedor.

Consumidor
Es la persona clienta o usuaria de un bien o servicio. Los consumidores son las personas que adquieren un bien o servicio a una empresa minorista.

Criterio
Norma, regla, parámetro o directriz.

Descuento
Es una rebaja o aminoración del precio debido a una rebaja o promoción. Es decir, el vendedor decide rebajar el precio si el comprador cumple unas condiciones, porque el vendedor lo considere, o porque ambas partes hayan negociado el precio y hayan alcanzado un acuerdo.

Efectivo
Dícese del dinero formado por billetes y monedas de dinero legal en curso en un país.

Entidad bancaria
Empresa comercial que se dedica a realizar operaciones de carácter financiero con el dinero procedente de sus accionistas y sus clientes.

Fabricar
Crear o producir bienes o artículos ensamblando diferentes materiales o componentes para vender el artículo o bien resultante.

Gasto
Es la cantidad de dinero que se paga por la adquisición de un bien o servicio. Se trata de una salida de dinero.

Impuesto
Tributo que se paga al Estado o a la Administración pública y que es de carácter obligatorio. Su incumplimiento puede implicar sanciones económicas o administrativas.

Impuesto sobre el valor añadido o IVA
Es un impuesto que se paga por el valor que cada fabricante añade a la materia prima al fabricar el producto y por el valor que añade cada empresa intermediaria en la cadena de distribución, desde que el producto se crea hasta que llega al consumidor.

Materia prima
Es un ingrediente, sustancia o material que se extrae de la naturaleza para fabricar productos.

Medioambiental
Relacionado con el medio ambiente, la naturaleza, la sostenibilidad y la ecología.

Necesidad
Es la carencia de algo y el deseo de querer cubrir esa carencia.

Precio
Es la cantidad de dinero que un consumidor está dispuesto a pagar por la adquisición de un bien o servicio. Es la cantidad de dinero que pide el vendedor para entregar el bien o servicio. El precio debe estar en un punto de acuerdo entre vendedor y comprador, ya que, si el precio es muy elevado, el comprador no va a estar dispuesto a pagar, y el vendedor se queda sin vender el producto.

Programa

Sistema o *software* informático que permite y facilita la realización de diversas tareas que, de manera manual o tradicional, resultarían más lentas y tediosas.

Stock

Conjunto de mercaderías, mercancías, artículos o bienes tangibles que se acumulan, almacenan y custodian en un lugar para, posteriormente, ser vendidos a clientes.

Transporte

Acción de llevar objetos o personas desde un punto de origen a un punto de destino.

Zona

Área, espacio, sitio, lugar determinado y delimitado dentro de un almacén para diferentes funciones que desempeñar.

Bibliografía

Textos electrónicos, bases de datos y programas informáticos

→ Búsqueda y evaluación de proveedores: claves para optimizar este proceso, de: <https://www.avanti-lean.com/busqueda-y-evaluacion-de-proveedores/>.

> En este artículo se habla sobre cinco fases en el proceso de búsqueda y evaluación de proveedores y sobre cuatro errores que se deben evitar en el mismo proceso.

→ ¿Cómo es el proceso de compraventa de empresas?, de: <https://redautonomos.es/compraventa-empresas/proceso>.

> Artículo en el que se describen los diferentes pasos del proceso de compraventa.

→ Cómo rellenar una letra de cambio, de: <https://novicap.com/guia-financiera/rellenar-letra-de-cambio/#:~:text=Lugar%20de%20libramiento%20o%20emisi%C3%B3n,con%20el%20domicilio%20del%20librador>

> Este artículo habla sobre los datos que son o pueden ser necesarios para cumplimentar una letra de cambio, tanto en el anverso como en el reverso.

→ Coste de aprovisionamiento, de: <https://guiasjuridicas.wolterskluwer.es/Content/Documento.aspx?params=H4sIAAAAAAAEAMtMSbF1jTAAASMjS3NDtbLUouLM_DxblwMDS0NDA1OQQGZapUt-ckhlQaptWmJOcSoAfs8PODUAAAA=WKE#:~:text=Los%20costes%20de%20aprovisionamiento%2C%20desde,de%20aprovisionamiento%2C%20tambi-%C3%A9n%20llamado%20compras>.

> En el artículo se habla sobre qué son los costes de aprovisionamiento, mencionando algunos ejemplos.

→ ¿Cuáles son las etapas del proceso de decisión de compra?, de: <https://www.obsbusiness.school/blog/cuales-son-las-etapas-del-proceso-de-decision-de-compra>.

> En el artículo, escrito por Anna Pérez, responsable de contenidos de OBS Business School, se habla de las etapas existentes en el proceso de decisión de la compra.

→ Diferencia entre contabilidad de costes y contabilidad financiera, de: <https://economipedia.com/definiciones/diferencia-contabilidad-costes-contabilidad-financiera.html>.

> En el artículo se explica la diferencia entre la contabilidad analítica o de costes frente a la contabilidad financiera o general, atendiendo a distintos criterios.

→ Estrategias de compras, ¿qué son?, de: <https://biddown.com/estrategias-de-compras-que-son-procurement-topics/>.

> Artículo que trata sobre qué son las estrategias de compra, qué temas tratan y qué puntos deben incluir las estrategas. Al mismo tiempo, también menciona los pasos clave para definir una buena estrategia de compras.

→ Seis estrategias de compra para una optimización sistémica de costos, de: <https://aurysconsulting.com/infografia-6-estrategias-de-compra-para-una-optimizacion-sistemica-de-costos/>.

> La empresa Aurys Consulting ofrece una infografía en la que proponen seis estrategias de compra con el fin de optimizar costes de manera sistémica.

→ La ley crea y crece hace obligatorio el uso de la factura electrónica entre empresas y autónomos en España, de: <https://edicomgroup.es/blog/la-facturacion-electronica-sera-obligatoria-para-las-empresas-espanolas#:~:text=Factura%20electr%C3%B3nica-,La%20ley%20%E2%80%9CCrea%20y%20Crece%E2%80%9D%20hace%20obligatorio%20el%20uso%20de,empresas%20y%20aut%C3%B3nomos%20en%20Espa%C3%B1a&text=La%20factura%20electr%C3%B3nica%20B2B%20ser%C3%A1%20obligatoria%20en%20Espa%C3%B1a>.

> Este artículo habla sobre la obligatoriedad inmediata de la emisión de facturas electrónicas por parte de las empresas españolas que trabajan a través de los canales B2B entre empresas. Expone los calendarios de aplicación y los beneficios de este tipo de facturas.

→ ¿Qué impuestos paga una empresa en España?, de: <https://getquipu.com/blog/impuestos-debe-pagar-empresa-por-que/>.

> En este artículo se tratan todos los impuestos que debe saldar una empresa española con la Administración pública, a nivel estatal, autonómico, provincial o municipal, además de otras obligaciones como las cotizaciones a la Seguridad Social.

→ ¿Qué son los libros contables y las cuentas anuales?, de: <https://www.dsgsoftware.com/contabilidad-libros-contables#:~:text=Los%20libros%20contables%20son%20aquellos,lo%20largo%20del%20ejercicio%20contable>.

> En este artículo se expone un listado y una breve explicación de los libros contables y cuentas anuales que debe llevar una empresa en su contabilidad financiera y que son obligatorios por si Hacienda los requiere.